如何炼就课堂好声音

薛建洲/著

教师美嗓保健实用宝典

江苏凤凰教育出版社
Phoenix Education Publishing, Ltd

图书在版编目（CIP）数据

如何炼就课堂好声音 ：教师美嗓保健实用宝典 / 薛建洲著. —南京 ：江苏凤凰教育出版社，2016.12

ISBN 978-7-5499-5744-6

Ⅰ.①如…　Ⅱ.①薛…　Ⅲ.①教师—嗓音医学
Ⅳ.①G478.2

中国版本图书馆 CIP 数据核字（2016）第 097272 号

书　　名　如何炼就课堂好声音——教师美嗓保健实用宝典
作　　者　薛建洲
责任编辑　雷利军　祁篆萍
出版发行　凤凰出版传媒股份有限公司
　　　　　　江苏凤凰教育出版社（南京市湖南路 1 号 A 楼　邮编 210009）
苏教网址　http：//www.1088.com.cn
照　　排　北京世纪鸿文制版技术有限公司
印　　刷　三河市九洲财鑫印刷有限公司
厂　　址　河北省三河市灵山大口
开　　本　787 毫米×1092 毫米　1/16
印　　张　15.5
字　　数　216 千字
版　　次　2017 年 1 月第 1 版　2017 年 1 月第 1 次印刷
书　　号　ISBN 978-7-5499-5744-6
定　　价　30.00 元
网店地址　http：//jsfhjycbs.tmall.com
邮购电话　025-85406265，85400774　短信　02585420909
E - mail　jsep@vip.163.com
盗版举报　025-83658579

嗓音是教师的第二张脸！

嗓音是教师的第一张名片！

嗓音是教师在人生战场上打仗的枪！

美妙的嗓音也是教师的财富和资本！

让教师拥有播音员的嗓音不是梦！

“美嗓”是教师的高层次需求！

“美嗓”是二十一世纪最时尚的追求！

“美嗓”是教师强身健体、调理身心、延年益寿的灵丹妙药！

打造您的第一张名片！重塑您的第二张笑脸！

挖掘您的嗓音金矿！开创您的灿烂人生！

——题记

前　言

孔子曰："工欲善其事，必先利其器。"职业工具的好坏优劣往往决定着职业功效的高低。

教师是通过以嗓音为载体的语言向学生传授知识、进行教育的职业，嗓音对于教师来说，既是生理功能，又是至关重要的职业工具。教师的职业决定了教师用嗓频率高、强度大、持续时间长等特点。教师长期职业性用嗓，加上大多数教师缺乏科学用嗓的知识以及受粉笔灰等教学环境污染的影响，极易造成教师的嗓音受损。在我国教师这个特殊群体中，患咽喉嗓音疾病的比例一直居高不下。

语言表达能力和交流能力往往被视为教师的看家本领，可教师最重要的一件"武器"却被忽视了，这就是教师的嗓子。教师在工作中几乎每时每刻都在使用嗓子，但与其他经常使用嗓子的专业人员（如演员和歌唱家）不同，大多数教师都没有接受过有关嗓音保健的培训。如果帕瓦罗蒂嗓子疼，这位世界级的男高音歌唱家可以取消演出；但教师没那么幸运，再怎么难受也得熬着，即便声音变得沙哑了，也只当是不可避免的职业病。殊不知，日复一日的忍受却给教师留下了严重的隐患。

长期以来，教师在课堂教学过程中需要大量用嗓，且往往因为使用的方法不够科学，只用不养或只用不练，或是出于其他一些病理性原因，造成嗓音的质量下降，甚至嘶哑失声，给教学造成不便。

发声方法不科学和用嗓习惯不正确是引起教师嗓音疾病的主要因素。绝大部分的嗓音疾病并不需要动手术，而且手术并不能从根本上解决嗓音问题，最重要的是要养成正确的发声习惯。没有正确的发声习惯，即使当时解决了嗓音问题，过后还会照样出现问题。换句话说，对于嗓音疾病，医院只能治标而不能治本，要想治本只能靠自己，因为医生无法在你身上建立正确的发声方法。

笔者作为一名职业教师和非职业歌手，深知嗓音对于一名教师的重要性，也知道一些保养嗓音的方法。笔者愿意利用所学的有关专业知识和技能以及三十多年的用嗓经验，在力所能及的范围内给教师提供一些嗓音保养方法，为提高教师的嗓音质量出一些力。

笔者强烈呼吁：教师必须“美嗓”！

目　录

第一章

嗓音疾病概述及治疗

嗓音是人的第二张脸，甜美的嗓音能够令人身心愉悦。嗓音是教师工作的资本，有一副好嗓子可以说是教师不可缺少的一项能力。所以，教师一定要“美嗓”。教师“美嗓”就是用自然方法从根本上彻底解除教师一生的嗓音痛苦，主要包括美化嗓音，预防、治疗嗓音疾病，纠正语言发音，增强语言表现力等几个方面。它是一整套独特而科学的嗓音保养和训练体系。

一、发现嗓音“金矿”

人的需求是随着时代的发展和环境条件的变化而不断发展变化的。随着人们生活水平的不断提高，传统的形象美容已经越来越不能够满足现代人的生活需求，改善嗓音正在成为人们重塑形象的重要手段。

嗓音是人的第二张脸。领导讲话、播音主持、教书育人、歌星演唱、公关接待、外事活动、求职面试、接洽事务、中介推销、探讨学问、交换信息、传授技艺、交际应酬、传递情感、娱乐消遣等都离不开嗓音。美妙的嗓音能够令人身心愉悦。一个有修养、有魅力的人，不仅要具备优秀的内在素质和较高的能力，还要有良好的外在形象和美妙的嗓音。

美容、美发、美体、美甲、美衣的目的是通过“看”让人产生美感，而“美嗓”的目的是通过“听”让人产生美感。一个是悦“目”，一个是悦“耳”，目的相同，而手段完全不同。

“美嗓”就是在专家的指导下，采用一套独特而科学有效的方法来学习和掌握科学的发声方法及“美嗓”技巧，用自然方法预防、治疗嗓音疾病，纠正语言发音，美化人们的嗓音，使人们的嗓音更圆润动听，蕴含的情感更加丰富，语言的表现力更强。“美嗓”包含三层意思：一是美化嗓音，二是美妙的嗓音，三是这件事情的名称。

拥有美丽的声线可以给别人留下美好的印象。优美、清晰、流畅的语音，是气质美、仪态美的重要表现。富有特色和感染力的音质，仿佛一缕和煦的春风，使人与人的沟通更加亲切，充满信赖感。

嗓音的背后体现了一个人的品格、修养、才学。美好的嗓音作为思想的载体，可以把人潜在的、不为人知的人格优点表现出来。优美而富有磁性的嗓音是人的第一张名片，是彰显个人气质的关键。

美好的嗓音可以为一个人加分，反之，则会对人造成负面的影响，如“破锣嗓”“娘娘腔”“公鸭嗓”及口吃者等，找工作、找对象都会有困难，甚至会影响其职位的升迁。美好的嗓音有助于塑造成功的形象，提高个人魅力，让人充满自信，拥有更好的生活品质。

想要在课堂上用充满磁性与魅力的嗓音吸引学生的注意力，从而提高教学效率吗？想要在求职面试时以悦耳的嗓音赢得招聘方的青睐，从而更具就业竞争力吗？想要在客户面前先声夺人，展现你能做好项目的信心吗？想要拥有吸引异性注意的魅力音色吗？那么，挖掘一下你的嗓音“金矿”吧！美妙的嗓音也可以成为你巨大的财富和魅力！

科学的方法、系统的训练、持之以恒的精神是“美嗓”的三大法宝。“美嗓”首先需要解决的问题就是如何能够保证嗓音不嘶哑、不失声，根本的办法就是建立科学的发声方法。

二、关注嗓音保护与训练

嗓音是教师工作的资本，有一副好嗓子可以说是教师不可缺少的一项能力，但一直以来，教师的嗓音保护都没能得到足够的重视。

如果教师的嗓音经常嘶哑，甚至失声，那么教师就会非常辛苦，甚至无法工作；如果教育行政人员的嗓音嘶哑或失声，不仅会直接影响自己的形象和与别人的交流，也会严重打击自信心。

保护好教师的嗓音就是保护生产力，所以，教师一定要“美嗓”。

教师“美嗓”就是用自然方法从根本上彻底解除教师一生的嗓音痛苦，主要包括美化嗓音，预防、治疗嗓音疾病，纠正语言发音，增强语言表现力等几个方面。它是一整套独特而科学的嗓音保护和训练体系。

教师的嗓音保护与训练在国外一直备受关注，在英国苏塞克斯大学教育学院，嗓音训练是培养未来教师的一大重点。“教学离不开交流，而嗓音是交流的主要工具。”学院负责嗓音训练项目的詹姆斯·威廉姆斯先生说，“不给教师做有关嗓音技巧的培训，就好比培训外科医生而不给他们讲解手术所需的器具一样。”因此，苏塞克斯大学教育学院的学生在为期两周的职前培训中，要上两个单元有关嗓音的课，由英国嗓音专家安·托马斯女士执教。“教师们通常意识不到自己是职业的嗓音使用者，”托马斯女士说，“因此，我们从一开始就让这些未来的教师明白这一点。道理很简单，如果没有嗓音，就没有工作。”学院还让其他教师都重视学生的嗓音，如果发现有学生需要这方面的帮助，他们会建议学生去找托马斯女士。如果还需要进一步的帮助，学生则可参加有关嗓音保养的自愿学习小组。

在英国，越来越多的教师培训机构已经意识到了嗓音培训的重要性。“嗓音保健网络”是英国一家专门为教师提供嗓音保健支持的慈善组织，根据该组织协调人罗兹·康明斯的了解，很多教师缺乏如何保护他们最宝贵的资本的知识。对于那些已从教多年的老教师来说，已经形成了很多关于嗓音使用的不好的习惯，更需进行必要的嗓音保健知识培训。“主管嗓音的肌肉受压力和情绪的影响。”康明斯说，“教学是一份压力非常大的工作，因此你能想象这对嗓音的影响。不幸的是，由于缺乏嗓音保健知识，很多教师滥用了自己的嗓音却没有意识到。”

美国、德国、日本等发达国家均拥有专门的嗓音保健机构，为包括教师在内的众多职业用嗓人员提供必要的理论和实践指导。

星海音乐学院的彭莉佳教授说：“准确发音，科学用声，合理地修饰和美化音色，丰富声音的表现力，是以口语为主要职业工具的教师从事教学活动最重要的一项基本功。”

教师是教育工作的组织者、领导者，在教育过程中起主导作用，教师的嗓音状况直接关系着教学质量，各教育主管部门应当重视教师嗓音疾病的防治。作为培养师资的师范院校应开设“美嗓”课程，介绍科学发声方法、日常嗓音健康护理方法等，使未来的教师具备保护自己嗓音的知识。

唐代“药王”孙思邈说：“上医医未病之病，中医医欲病之病，下医医已病之病。”

预防嗓音疾病远比治疗嗓音疾病更加重要！

三、了解人类发声原理

（一）发声器官构造

声带是人类发声器官的主要组成部分。

人类的声带又叫声襞，位于喉腔假声带下方，左右各一，是以甲状软骨前角后面与杓状软骨声带突之间的声韧带为基础，加上声带肌和其表面的黏膜共同构成的。声带张开时，出现一个等腰三角形的裂隙，称为声门裂，空气由此进出，是喉腔最狭窄的部位。声带和声门裂合称为声门。

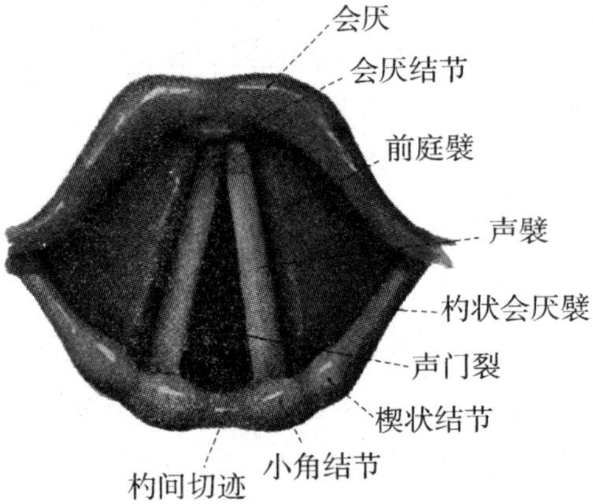

声带结构示意图

中国成年男性的声带长度一般在 18mm～24mm，平均长度为 20mm 左右，成年女性的声带长度一般在 14mm～18mm，平均长度为 15mm 左右。所以女子比男子声调高。青少年大约 14 岁开始变声，一般要持续半年至一年。

咽喉是人类饮食、呼吸、发音的重要器官，上连口鼻，下通肺胃，是连接口腔和肺胃的通路，又为经脉循行的要冲。咽喉不单是呼吸时气流出入的通道，它对吸入的空气还有温（湿）度调节和清洁作用。同时，在大脑的调节下，声门作为空气出入肺部的必经之路，可根据人体生命活动需氧量的增减而发生宽窄变化：人平稳呼吸时，声门较小；运动或情绪激动时，声门扩张，以便增加肺部气体交换。

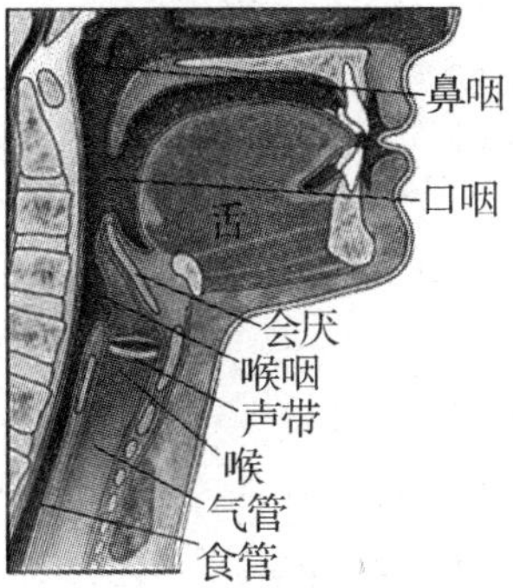

喉的侧面示意图

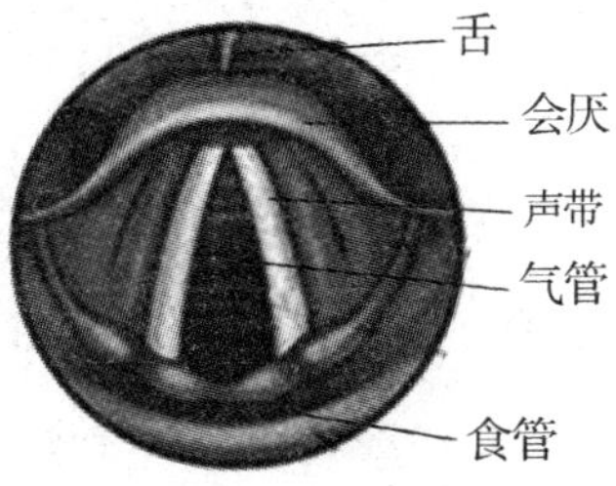

喉的上面示意图

（二）人类发声原理

嗓音是从肺部呼出的气流使声带振动而发出的声音，与咽喉的运动密切相关。发声时，先吸入空气，然后两侧声带拉紧，声门裂变窄，甚至几乎关闭，气流自气管和肺部呼出不断冲击声带，使之振动而发出声音。在喉内肌肉的协调作用下，使声门裂受到有规律性的控制。

喉部发出的声音为基音，受咽、口、鼻、鼻窦、气管和肺等器官的共鸣作用而增强，使声音清晰、和谐悦耳，成为听到的声音，并在软腭、口、舌、唇、齿等协同作用下，形成各种语音。声调的高低取决于声带的长度、张力、声门裂的大小以及呼出气流的力量。

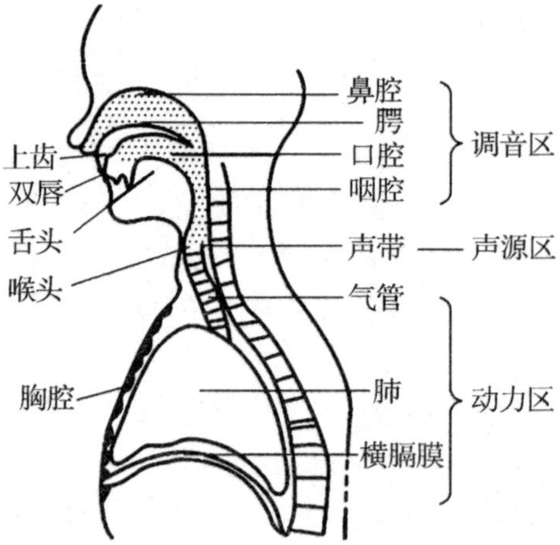

发声原理示意图

四、教师嗓音对课堂教学的影响

在传递和延续人类文化和科学知识的教学活动中，教师的语言具有重要的作用。在师与生、教与学之间，信息的互相传递多数是凭借语言为中介来进行的。教师传授的知识能否被学生所理解，关键在于教师能否把人类所积累的科学文化知识通过语言转化为学生可接受的信息。对于教师而言，没有一堂课能离开语言去表达教学内容和组织教学。课堂教学中，教师语言的艺术性对学生知识的接受、智力的开发、能力的培养、心灵的启迪、情操的陶冶起着重要的作用。

课堂教学语言对音量、音质、节奏等都有严格的要求。巧妙地对嗓音加以控制，对提高教学效果可以起到事半功倍的效果；反之，对嗓音控制不当，不但会严重影响教学效果，更会对教师的身心健康造成伤害。因此，合理地利用嗓音是教师语言艺术的一个重要方面。

捷克教育家夸美纽斯曾形象地指出："一个能够动听地、明晰地教学的教师，他的声音便该像油一样浸入学生的心里，把知识一道带进去。”苏联教育家苏霍姆林斯基关于教师教学语言艺术的见解是十分深刻的，他说：“假如在语言旁边没有艺术的话，无论什么样的道德训诫也不能在年轻人的心灵里培养出良好的、高尚的情感来。”“教师的语言是一种什么也代替不了的影响学生心灵的工具。”苏联教育家马卡连柯也说过：“同样的教学方法，因为语言不同，其效果就可能相差 20 倍。”足见，运用好教学语言（当然包括嗓音），是取得教学成功的重要条件。一位优秀的教师，一定有着较高的语言修养。因为教师的语言直接影响着教学活动的效果和学生的语言及思维等多方面能力的培养。

古今中外的众多大教育家都非常重视提高自己的语言水平和修养，并往往形成了自己独特的语言风格。孔子的教学语言艺术以“雅言”为正音，以“辞达”为目的，以“慎言”为特点，以启发性为追求，多使用语重心长的口头语言和概括性强、富有说服力的哲理思辨语言等语言形式和语言风格。

（一）教师嗓音对教学效果的影响

教师在课堂教学中讲究语言艺术，这必然会提高教学的吸引力，使学生全神贯注地沉浸在知识的海洋中，探索知识的奥秘，感受学习的乐趣，同时有利于教师的身心健康。

1. 教师嗓音的动听度影响着教学效果

我国著名美学家朱光潜曾说：“话说得好就会如实地达意，使听者感到舒适，发生美感，这样的说话，就成了艺术。”教师教学语言艺术的动听程度，决定了教师语言感染力的大小和学生的语言接受程度。动听的嗓音能使教学语言产生引人入胜的艺术魅力。1973 年，纽纳和莱蒙指出，新颖的刺激往往更能吸引人们的注意。在教学语言艺术上有意识地下点功夫，追求其内容与形式的新颖，可有效地提高其动听度。

2. 教师嗓音的清晰度影响着教学效果

1964 年，所罗门等人的研究表明，学生的知识学习同教师表述的清晰度有显著的相关性，这可能是由于在教学中最初呈现观念和随后提供的有效反馈都有赖于教师表述的清晰性和流畅性。1971 年希勒等人的研究也指出，教师讲解得含糊不清与学生的学习成绩呈负相关关系。

3. 教师嗓音的幽默感影响着教学效果

在教学中，教师采用生动形象、幽默风趣的语言能拨动学生的心弦，引起他们的求知欲。从心理学上来讲，教师讲课时，如果使学生感到有趣，就会激起学生强烈的学习兴趣，他们听起课来就会精神集中，记忆深刻。反之，如果教师的语言呆板、平淡、抽象，缺乏吸引力，学生听起来就会感到平淡无味，自然会印象肤浅，效果不佳。教师虽不可能像相声演员那样来吸引学生，但课堂上注意语言幽默风趣是非常必要的。

4. 教师嗓音的节奏感影响着教学效果

讲课时说话的节奏太快，是许多新教师易犯的毛病。其主要原因在于教师精神紧张，没有注意学生的反应，虽然表面上看起来滔滔不绝、口若悬河，但实际教学效果不佳。教学实践表明，教学语言的速度以每分钟 90～120 个字为宜。节奏过快，发送信息的频率太高，会使学生的大脑对听取的信息来不及处理，影响教学效果。反之，教学语言节奏过慢，不仅浪费了许多宝贵的教学时间，而且会导致学生精神涣散，降低学生听课的兴趣，影响教学效果。教学是教师的教和学生的学所组成的双边活动，因此，教学语言的节奏应与学生实际、教学内容、教学环境、教学要求等各种因素相适应。学生年龄越小，年级越低，教师越要相应地放慢讲话的速度，增加停顿。当教师要通过描绘一个生动具体的故事来激发学生的学习兴趣时，讲述可以快一些，以便能较顺利地激起学生的学习兴趣；当教师要通过摆出几件事实，启发学生经过思考得出一个科学结论时，就要放慢语言节奏，给学生充分的推理、判断、思考的时间；当教师归纳叙述科学概念、科学结论时，要逐字逐句地表达，做到清晰准确，使学生能牢固地掌握基本概念和科学原理。

5. 教师嗓音的语调变化影响着教学效果

语调上的抑扬顿挫、高低快慢的变化，是教师课堂教学中常用的语言技巧。语调一般包括升调、降调、平调、曲调。合理掌握各种语调，能有效地调动学生的学习兴趣，集中学生的注意力，提高教学效果。语音语调的变化是引起学生注意的一个重要因素，无变化的语言则是导致学生疲乏、精力不集中的重要原因。

提高音量、降低音量、沉默等都是教师在教学中常用的手段。一般来说，教学中讲到关键点或需要强调突出某个问题时，可以提高语调，放慢速度；在讲一般性陈述和过渡性的内容时，可用中低声调交替讲解，加快语速；当发现学生出现疲态时，应及时变化语音语调，以引起学生注意，使其重新兴奋起来。

短暂的沉默也是教师维持课堂教学秩序、引起学生注意教学内容、激发学生思维的一种有效方法。比如，当教室内比较喧闹时，教师利用短暂的沉默往往会收到“此时无声胜有声”的效果。再比如，讲完一课的重点后停一下，然后再轻声地重复一遍，或向全班学生公开提出问题后，适当地、有意地停顿，而暂时不要求学生回答，都能有效地引起学生的注意，提高教学质量。

（二）教师嗓音对学生能力发展的影响

教师嗓音艺术影响学生多方面能力的发展。教师嗓音艺术的高低，不仅会影响教师教学任务的完成、教学效果的优化，更重要的还在于它能直接影响学生多方面能力的发展。

1. 教师嗓音影响学生审美能力的发展

苏联教育家马卡连柯主张教师应有美的语言表达，他说：“我们要善于这样说话：使孩子们在我们的话里感觉到我们的意志，感觉到我们的修养，感觉到我们的个性。”

苏霍姆林斯基则强调指出美的教学嗓音对学生的影响，他说；“教师讲的话带有审美色彩，这是一把最精致的钥匙。它不仅开发情绪记忆，而且深入到大脑最隐蔽的角落。”教师教学嗓音艺术本身就可成为学生审美的对象，使之从中获得审美感受，激发审美想象，丰富审美情趣，锻炼和提高学生的审美创造能力。

教师教学嗓音艺术的重要性，已经引起国内外教育界的关注，并相继将教学嗓音艺术作为教师培训和师范生培养的重要方面。

2. 教师嗓音影响学生思维能力的发展

教师的教学嗓音艺术水平直接反映其思维能力的高低。口才好的根源在于脑力好，会说在于会想。所以列宁很欣赏德国哲学家叔本华的一句话：“谁想得清楚，谁就说得清楚。”学生透过教师高超的教学嗓音艺术，可以探知教师的思维进程，学习思考问题的良好方法，体验思维过程中的快乐，从而产生思维兴趣，提高思维能力。一般说来，生动形象的教学语言会影响学生的形象思维，理性概括的教学语言会影响学生的抽象思维，教师机智的语言会影响学生思维的敏捷性和灵活性，教师的语言观点会影响学生思维的独立性和批判性，教师的语言材料会影响学生思维的广阔性和深刻性等。著名科学家爱因斯坦说得好：“一个人的智力发展和他形成概念的方法在很大程度上是取决于语言的。”

3. 教师嗓音影响学生语言能力的发展

教师的教学嗓音不仅是传授知识的工具，而且还是榜样——教师给学生做出的运用嗓音的最直观、最有效的榜样。教师的教学嗓音对学生的用嗓习惯与用嗓能力的影响是日积月累、潜移默化的。

实践证明，学生受到言之成序、言之有理、言之有智、言之有趣的教学嗓音的长期熏陶，就会逐步产生对嗓音的浓厚兴趣，进而掌握灵活运用嗓音的本领。以下是几则教师嗓音对课堂教学的影响的案例。

教师声音的分贝对学生注意力的影响

今天，走过二年级一个班，该班老师在讲授课文时，语言清脆，声音分贝偏低、柔，我很快扫视了一下全班学生听课的状态，发现学生的眼睛都是看着老师的。我也看过一位老师，上课时声音非常响亮，隔壁班级都能清清楚楚地听到她的声音，但这个班学生的上课状态并不好，很多学生的注意力都分散到了别的地方，精神不集中。试想：如果置身于一个嘈杂的环境或长时间处于高分贝的声音中，我们会是什么感觉？疲惫、心里躁动、无法安宁……

小溪潺潺地流动，带给人的是安谧，若置身于其中，能让人的思绪产生无限的遐想；大海汹涌澎湃，带给人的是震撼，若置身于其中，却让人内心惧怕、胆怯。微风拂面，带给人的是温暖与惬意；狂风呼啸，带给人的是寒冷和灾难。

生活乃教育，人的心与大自然是相通的。所以，教育要遵循自然之道。

（吾心似秋月写于 2014 年 4 月 9 日）

浅谈教师声音对课堂教学的影响

前段时间，由于工作需要，我跟随教研室的几位同志下基层学校听课，其中有几节课给我留下了深刻的印象，也让我产生一种想法：师范院校能否给所有在校学生开设声乐课？大家可能会诧异：为什么？有必要吗？我认为有必要。下面我结合具体的事例谈一谈。

事例一：八年级的一节政治课。一听到“政治”二字，相信大家脑海中就会出现严肃、枯燥、无味等词语。我听这节课时，却产生了与此完全相反的感觉，“遗产、继承人、法律”这些乏味的字眼从授课教师的嘴里说出来，一点儿都没让我厌烦，虽然将其比喻成美妙的乐曲有些夸张，说其悦耳动听却是真的。我知道，吸引我的不只是这节课的内容，还因为那位教师富有磁性、厚重的男中音。再看看听课的学生，他们随着教师抑扬顿挫的讲解，时而凝神思考，时而频频点头，时而神采飞扬，时而低头微笑。不知不觉，45 分钟过去了。不用说，这节课是成功的，这节课的知识点也应该深深地印在了那些学生的脑海中。

事例二：七年级的一节信息课。信息课，就是和电脑打交道，可能大家会认为，这样的课对于学生来说正是投其所好，他们在课堂上应该个个兴趣盎然。开始我也是这么想的，但没过几分钟，我就开始烦躁、心慌，耳朵里嗡嗡直响，至于这位教师讲了些什么，我一点儿都没听进去。再看看电脑前的学生，有的昏昏欲睡，有的交头接耳，认真听讲的学生几乎没有。主要问题就出在授课教师的声音上，她的声音如同小刀从玻璃上划过一样，又尖又刺耳，时间一长，听的人就会产生烦躁的感觉。我暗暗为这些学生捏了一把汗，长此以往，怎么办?

看到这里，我想大家应该能理解我前面为什么产生那种想法了吧。

教师的声音在课堂教学中对学生产生的影响是巨大的。教师适度的讲课声音能顺畅地传递信息，吸引学生；较大的声音能警醒学生，促使学生高度集中注意力；悦耳动听的声音能让学生在不经意间对教师产生好感，认真倾听；而干巴巴的声音会让学生不知所云，昏昏欲睡；尖锐刺耳的声音则会让学生烦躁不安，产生厌学的情绪。开设声乐课，教师就可以掌握最基本的发音技巧，改变发声方法和说话习惯，从而改变自己的音质和音色。此外，掌握了正确的发音方法，可以大大缓解教师在长时间讲课后产生的嗓子疼、声音嘶哑等不适，可谓一举两得。

（甘肃省陇南市两当县教育局　陈苑）

声音大小对课堂教学的影响

——体育课堂教学反思

上周五，我在一年级两个班进行了武术健身操教学，因为在教学过程中的声音大小不同，两堂课的教学效果相差很大！

因为是放假前的最后一个半天，学生变得有些浮躁，周五下午的体育课上，学生的纪律相对而言显得有点乱。好在今天安排的教学内容是学生比较感兴趣的武术健身操，学生观看了教师的示范后，跃跃欲试，课堂秩序乱糟糟的。我知道，这时候如果教师大声地制止，在教师的威严下，学生会渐渐安静下来，但是教师的亲和力就没有了，和学生之间的距离也会越来越远。于是，我就站在前排，然后用目光轻轻地从前排每一位学生身上扫过，一排、两排、三排、四排……只有少数几位学生看到了我的目光，立刻安静了下来，我向这些学生点点头，他们的声音渐渐地小了，终于安静了下来。

通过自己的学习经验，我知道，学习武术健身操需要给学生提供充足的自主学习的时间，这里的自主学习，不只是自己一个人在模仿，还要增加同伴之间的互帮互助练习，这样学生才能真正记住这些动作路线。我开始进行教学，学生跟着我模仿起来，在学生初步形成概念后，我开始安排学生自主学习。我刚宣布让他们进行自主学习，学生便开始自己喊口令做了起来，可见他们是多么需要自主学习的时间。

我巡视了一圈，发现学生在自练“雏鹰戏翅”这一套路动作时，每个动作的发力点不对，学生根本不知道如何发力，武术动作和做广播操一样，根本体现不出武术的韵味。我立刻让学生停止练习，可能学生正当兴趣高涨，根本没有理会我的制止，依然在练习，也有少数几位学生正在和其他学生交流，根本没听到我说了什么。我提高了音量，有些学生停止了自己的练习，可是大部分学生依然我行我素……我知道让大家安静需要一点时间，可是声音并没有像我想的那样渐渐地停下来，相反，有的学生的争论声、嘈杂声却越来越大了。最后，在我的高分贝噪音的压迫下，学生终于安静了下来。我的喉咙也因此变得有点沙哑。我知道总是靠高压，不是解决问题的方法！

怎么办？一年级（2）班的体育课一结束，我就在脑海里反复思考这个问题。

或许是因为我的声音太大了，学生早已适应了我的高分贝，他们已经视若无睹，认为反正老师也不会拿他怎么样，学生早已抓住了老师的心理，根本不在意老师在说什么。怎样让学生在自主练习时也能关注老师呢？

下一节课是一年级（1）班的体育课，学生学习的内容相同，而且平时上课时一年级（1）班的学生比一年级（2）班的学生更好动。如果我在一年级（1）班用小音量上课，学生能快速从练习状态安静下来，那就说明小音量更能提高学生学习时对老师的关注。

铃声响了，和平时一样，班里两位小组长将学生安静地带到“自由空间”。今天我并没有急着上课，而是先和学生打了个招呼：“今天老师的喉咙哑了，不能大声说话，希望我们班同学今天上课说话交流的时候声音能小一点，再小一点，好不好？”

学生都声音洪亮地说：“好！”

我有意眼睛一闭，脖子一缩：“太大了！”

学生小声地笑了！

开始正常的课堂教学了，我的声音控制得很好，虽然音量不大，但是全班学生都能听到，学生也很配合，基本没有人在下面说话。又到了自主学习的时间，我想，在放手前要不要再提醒一次呢？因为今天是第一次以这种音量讲课，学生还没有形成习惯，但提醒也不能太直白了，于是我只说：“别忘了我们的约定噢！老师今天喉咙不太好啊！”

学生有的点头，有的说“知道”。

自主练习开始了，学生都开始小声地自己喊口令练习，课堂上并没有出现乱、吵的现象。帮助学生纠正动作的时候，我只是说了句“好，停一下”，学生便立刻安静了下来。这样的情况有点儿出乎我的意料！

这节课不但课堂纪律好，而且课堂效率也非常高，一年级（1）班只有几个学生的动作不够熟练，绝大部分学生都能自己喊口令练习，效果真不错。

对比这两节课，我想，除了在第二节课开始前做了一定的要求外，我改变了课堂教学音调，引起了学生更多的关注，即学生的有意注意力更集中了，学生变被动接受为主动学习，课堂教学效果当然也会有所提高。

当然，这只是处于初步尝试阶段，音量的大小对课堂教学到底有多大影响，还有待于我在今后的课堂中不断实践。

（江苏省扬州市宝应县开发区国际学校　丁芸）

五、教师常见嗓音疾病及病因分析

（一）教师常见的嗓音疾病

1. 咽喉炎

咽喉炎是由细菌引起的一种疾病，可分为急性咽喉炎和慢性咽喉炎两种。慢性咽喉炎主要是由于急性咽喉炎治疗不彻底而反复发作，转为慢性，或是因为患各种鼻病，鼻窍阻塞，长期张口呼吸，以及物理、化学因素和颈部放射治疗等经常刺激咽部所致，且全身症状显著，有发烧怕冷、头痛、食欲不振、四肢酸痛等。

2. 声带小结

声带小结又称歌唱者小结或教师小结，发生于儿童称喊叫小结，是一种特殊类型的慢性喉炎，由炎性病变形成。最主要的临床症状为声嘶，通过喉镜检查可以进行临床诊断。治疗方法包括适当声带休息、纠正发声方法、手术治疗等。

出于职业原因需要长期用声者，如教师、演员、歌手、业务员、零售摊贩等，长期持续高声讲话、音调过高或者过长时间的演唱等均可导致声带小结。

较“软”的早期结节大多可通过语言治疗以及自主保养声音而逐渐改善；若时间久了，结节变厚变“硬”，且影响声音以及日常生活，则可考虑接受喉显微手术切除增厚的结节。

症状表现为早期时发高音破裂，用声易疲劳而不持久，发低音无变化；以后逐渐加重，因多数音破裂而嘶哑，结节较大者，则有显著的声嘶，从间歇性发展为持续性，病人难以唱歌，亦不能高声说话；伴有喉痛、吞咽痛，在感冒发热后出现，可能为急性咽喉炎，严重的喉痛，长时间不愈，还要考虑喉结核或者恶性肿瘤的可能；声音发哑，甚至刺耳，伴有喉部阻塞感，咳嗽，痰中带血，伴有颈部包块，年龄较大的病人要警惕喉癌的可能；突然失声或者声音低如耳语，但大笑和咳嗽完全正常，可能为癔病性声音嘶哑。此时通过喉镜检查见声带内收异常，但咳嗽后声带可正常内收。声带麻痹亦会出现声音嘶哑、刺耳的情况。喉部有异物感，伴有咳嗽，声音易发倦，或睡前喜食，或经常出现返酸、嗳气的情况，也可能是返流性喉炎，但有的患返流性喉炎的病人也可能仅有一种症状。

3. 声带息肉

声带息肉是发生于声带固有层浅层的良性增生性病变，也是一种特殊类型的慢性喉炎。声带息肉的发病多为长期发声不当或过度发声所致，特别是感冒时期过分用力讲话，也可能是一次强烈发声之后所引起。长期不良刺激或慢性炎症也会导致声带息肉。有的息肉带蒂，有的息肉基底较宽，呈鱼腹状。

最主要的临床症状为声音嘶哑，嘶哑程度因息肉的大小和部位不同而异，轻者仅有轻微声音改变，重者嘶哑明显甚至发声困难。息肉过大会堵塞喉腔，可引起呼吸困难。可以通过喉镜检查确诊。

治疗方式主要为手术切除治疗。若经治疗好转后，患者仍存在用声过度、用声不当、吸烟等情况，则声带息肉会再次出现。声带息肉常见于职业用声或过度用声的人群，如教师、演员、营业员等需要经常用声的群体。

4. 扁桃体炎

通常所说的扁桃体其实是腭扁桃体，腭扁桃体是一对扁卵圆形的淋巴器官，位于扁桃体窝内，它的表面有一些小的凹陷，称为扁桃体隐窝。当扁桃体发生炎症的时候，脱落的上皮细胞、淋巴细胞及细菌等会堆积在隐窝开口处，此时扁桃体表面就会出现点状豆渣样物。常伴有轻重程度不等的咽黏膜及咽淋巴环的急性炎症。此种病症多见于10～30岁的患者，且往往是在慢性扁桃体炎基础上反复急性发作。

5. 单侧声带麻痹

单侧声带麻痹多为神经受损所致，常同时伴有不同程度的吞咽困难现象，喝水时尤其明显，容易呛入气管。如系手术或脑血管疾病后发生，则治疗方式以声带细针注射来暂时改善上述症状为优先。等半年到一年之后，若声带功能仍未恢复，则可实行注射永久性填充物质、手术填补自体胶原蛋白或是以硅胶片将麻痹的声带推至正常位置来永久性矫治声音以及解决吞咽障碍。

6. 急性声带炎合并双侧声带水肿

如患此种病症，可见两侧声带外观因水肿而圆圆鼓鼓的，颜色呈淡黄色，亦可发现声带表面有异常的微血管扩张现象。声带炎常见于上呼吸道感染或长时间过度用声之后。声音大多变得低沉，且因为声带水肿，需要格外费力才能振动声带，患者常感觉没说几句话喉咙就痛了起来。此外，因为喉部分泌物变多、变黏稠，常会觉得喉咙卡痰不舒服。

治疗上，首先必须禁声休养，一般为1～3天，患者需多喝温开水，多休息，减少咽喉接触刺激物质，如烟、酒等。

7. 急性声带出血

声带出血的患者大多出现短时间内声音急速恶化，嗓音变得低沉、粗哑，有时甚至会话说到一半突然完全发不出声音的情况。

常见的情形是病患在声带已经有发炎、水肿现象时，再一次大声或是过长时间地说话，造成声带表层的微血管破裂，因而导致急性声带出血。

治疗时，3天的绝对禁声是必要的，再佐以药物治疗，出血大多可在1～2周内逐渐吸收。然而，若出血吸收后仍留下出血性的息肉，导致音质持续不佳，甚至摩擦到对侧声带出现长茧等变化，则应考虑接受喉显微手术切除。

8. *声带黏膜水肿*

临床上此类患者绝大多数都是长期抽烟的人群，且长时间地过度使用声带。此外，也有不少患者同时有胃酸溢流的症状，常会觉得咽喉有异物感。

声带黏膜水肿的治疗首先必须戒除抽烟的坏习惯，并且尽量少说话，如果工作上不允许，也应该试着降低音量，或是在说话间隙多一些休息的时间。饮食方面应减少食用刺激、难消化、容易导致胃酸溢流的食物，如汽水、甜食等。至于药物治疗上，可以使用口服或局部注射类固醇以减少声带水肿。若上述治疗方式效果都不理想，则应考虑进行喉显微手术，在显微切口下刮除并吸取水肿的胶状沉积物，剪除多余的表皮后覆盖回原位即可。

9. *声带白斑*

声带白斑又称喉白斑病。声带白斑为声带黏膜上皮角化增生性病变，比较常见，常被认为是癌前病变。但声带白斑发展缓慢，数年或十几年后才有可能癌变。长期追踪的结果约有 5%～10%的患者会演变成恶性肿瘤。声带白斑患者为抽烟人群，第一个症状多为声音沙哑，因此，长期抽烟的人如果声音在几周到几个月内逐渐变差，需尽早就医检查。一旦发现有白斑或疑似癌症的病变，则应进行病理切片以排除恶性病变的可能。所以，发现声带白斑后，既不可掉以轻心，也不必惊慌失措，声带白斑可以治愈。由于其潜在恶变倾向，一般被视为喉癌前期病变，必须考虑手术治疗，并且手术后要经常到医院检查。

10. *声带萎缩*

声带萎缩可粗分为单侧和双侧两种，亦可根据病因细分为退化性萎缩和神经麻痹。退化性萎缩多影响双侧声带，致病原因包括老年性退化、神经病变（如帕金森氏症等中枢神经退化性疾病）、胃食道逆流造成的慢性声带炎等。至于单侧声带萎缩则常起因于喉部神经麻痹，致病原因包括病毒感染，颈部、甲状腺、颈椎、食道或心血管手术后，全身麻醉插管后，颅底、颈部、肺部肿瘤，脑中风等。

对于退化性声带萎缩的治疗，最简单的方式是多运动，提高肺活量，加上声音复健训练和适当的发声方式。如保守疗法无法有效改善症状，则可以考虑接受新式的局部声带细针注射来填补萎缩的皮下组织以及肌肉层。若局部声带注射的效果仍不理想，则可以通过接受喉显微手术移植自体胶原蛋白来治疗。

11. 声带沟

声带沟可以说是音声医学领域中最棘手、最难以治疗的疾病。主要原因是声带沟的患者缺乏维系声带波动所必需的皮下组织层，进而造成声音极度粗哑，气音重且说话疲累、发声困难。

治疗上首先推重修补皮下层异常缺损的胶原蛋白。目前治疗成功机会较高的手术方式为自体筋膜移植术。一般来说，因为牵涉到组织的再生过程，手术后2～6个月，声带才能逐渐恢复柔软以及正常的声带波动性。

12. 咽异感症

咽部异物感是咽部的异常感觉，如球塞感、瘙痒感、紧迫感、黏着感、烧灼感、蚁行感、无咽下困难的吞咽梗阻感等。还有部分患者有颈部不适感、紧迫感、自觉呼吸不畅以及咽喉部有物上下移动不定的感觉。

咽部神经支配极为丰富，感觉神经和运动神经主要来自咽后壁的咽丛，含有迷走神经、舌咽神经、副神经和副交感神经的分支，此外尚有三叉神经第二支、舌咽神经等直接分布于咽部，故咽部感觉极为灵敏。全身许多器官的疾病也可通过神经的反射和传导作用，使咽部发生异常感觉。故咽部异物感产生的机制较为复杂，致病因素繁多。

（二）教师嗓音疾病原因分析

“师者，传道授业解惑也。”教师的职业决定了教师用嗓的频率和强度，其用嗓具有频率高、强度大和持续时间长等特点。有人曾做过这样的统计，以一节课 45 分钟，每秒钟吐 2 个字计算，教师每堂课发声器官需要做 5400 次伸张运动，若连上三四节课则达数万次之多。俗话说“日出千言，不损自伤”，加之有的教师发声方法不正确、发声习惯不良或基于个体心理素质和身体健康状况等诸多原因，教师的嗓音疾病患病率一直居高不下。

2004 年，广西师范大学音乐学院的许燕和桂林市人民医院耳鼻喉科的常捷军曾对桂林市属 48 所中小学的 2813 位教师进行嗓音普查，检查出有 1487 人患有喉部病变，占 52.9％。

陕西省西安市未央区中医医院的成源、王桂敏也曾通过间接喉镜和问卷调查相结合的方式对西安市部分学校的 1007 位教师进行发声器官健康状况调查，结果显示，有 559 人患不同程度的发声器官病变，占 55.5％。

“教师嗓音保护与训练”课题组对浙江省金华市范围内 8 所（其中中专、中学 2 所，小学 4 所，幼儿园 2 所）学校的 198 名教师进行嗓音普查，发放嗓音调查问卷，收回 190 份。据统计，嗓音状况较好的有 79 人，约占 41.6％，经常声音嘶哑的有 47 人，约占 24.7％，经常喉咙干的有 54 人，约占 28.4％，声带闭合不良、音色暗淡的有 17 人，约占 8.9％，患声带息肉或小结的有 9 人，约占 4.7％。（有人填多项，故此项合计超过 100％）其中，在教龄为 10～20年的 57 人中，常觉嗓音不适的有 39 人，占这部分人数的 68.4％，远远高于教龄在 5 年以下的教师人群。

以上三组调查数据表明，嗓音疾病在我国教师这个特殊人群中的发病率极高，教师作为职业用嗓人员，嗓音发病率之高应受到教育部门和学校领导的高度重视，如何保护和训练教师的嗓音、如何防治教师的嗓音疾病已成为各有关部门亟待解决的一个重要课题。

教师常见的嗓音疾病有慢性咽喉炎、扁桃体炎、慢性声带炎、肥厚性声带炎、声带息肉、声带小结、声带黏膜下出血、声门闭合不良、喉部瘀血、喉肌纤维组织炎、喉肌弱症等。这些疾病都会导致教师的嗓音改变，如声音沙哑，声弱无力，或声音发颤，高音难出，或声音枯涩，无圆润感，或有气无音，后力不继等。

造成教师嗓音疾病的原因主要有以下几点。

1. 发声方法不科学

不科学的发声方法是引起各种嗓音疾病的主要因素。大多数教师因没有接受过科学的嗓音训练，未能掌握正确的发声方法，导致各发声器官在发声时出现不平衡、不协调的动作。如讲话时不注意呼吸支持、不会借助气息协调声带的运动、没有合理运用共鸣等，致使声音低微、没有穿透力。面对宽敞的教室、众多的学生，教师为使自己的声音传遍教室的每个角落，只能习惯性地用挤、压、卡、撑等方法发出喉音过重的声音，使气息、声带、共鸣无法正常工作，造成发声器官工作失调，产生声音障碍，长此以往，嗓音就会发生病变。

2. 身体患有其他疾病

人体的健康对发声器官的状况有着重要的影响。身体的某部分发生病变，往往会影响到发声器官的工作。伤风感冒引起的上呼吸道发炎，鼻炎、咽炎、鼻窦炎、扁桃体炎，发烧、腹泻、肺病等都可能会造成声带运动不良、充血、水肿等，从而出现声音嘶哑。

3. 思想上不够重视

很多人对这一点很不以为意，其实，思想上对嗓音保护不重视是导致嗓音疾病的一个非常重要的原因。

4. 用嗓不当

用嗓不当包括过度用嗓和滥用嗓音等。过度用嗓是指虽然发声方法正确，但超过个人能力、音量过大、发声时间过长而引起嗓音不适或疲劳；滥用嗓音是指发声方法不正确，且用嗓无节制，大喊大叫，不讲究轻重缓急而引起嗓音不适或疲劳。

发声器官中的声带组织很薄，发声时振动频率很高，若过度用嗓，就会使声带处于超量、大幅度、长时间的紧张运动中，致使声带出现运动过渡性黏膜充血、水肿甚至黏膜下出血，引起发声功能失调，声门闭合不良，在声音方面出现不同程度的嘶哑，甚至失声。

教师若课务负担过重，又不注意合理用嗓或用嗓习惯不好，经常过度用嗓或滥用嗓音，且长期得不到休息和调整，便极易患嗓音疾病。

5. 过度劳累

发声器官是人体的一个组成部分，常年繁重紧张的工作易引起生理上的疲劳，生理疲劳的直接体现就是各器官的功能减退，以致轻微的感冒或是上呼吸道感染都会引起嗓音疾病。

6. 教师个体的心理品质

教师个体的心理品质也是引起嗓音疾病的重要因素，比如，嗓音嘶哑的人大部分都是性格急躁的人。胆汁质、多血质类型的人性格较外向，情绪易激动，讲课或日常用嗓容易兴奋，易引起全身肌肉紧张，喉部肌肉也随之紧张。实践证明，胆汁质、多血质类型的人比黏液质、抑郁质的人的嗓音患病率高。

7. 教师个体的生活习惯

个人生活习惯，诸如生活起居无规律、睡眠不足、常熬夜；饮食无节制或暴饮暴食；滥用烟酒，嗜食辛辣食物或喜欢用嗓后立即喝冷饮；喝水少，有喝浓茶、咖啡或用口呼吸的习惯；喜欢大声说话、长时间打电话等，均可导致嗓音问题。特别是长期睡眠不足，血液中大量乳酸积聚刺激声带，容易引起喉肌疲劳、声带充血、嗓音功能减弱，出现声音嘶哑等症状，进而引发嗓音疾病。

8. 教师的身体健康状况

俗话说“体壮声洪，体弱声嘶”，教师的身体健康状况直接影响着发声活动。要保养好嗓音，首先要保养好身体。

9. 女教师在例假期和妊娠期用嗓过度

这些特殊时期，人体内分泌处于失衡状态，特别是性激素变化大，易使喉黏膜充血，此时用嗓过度极易出现小血管破裂和黏膜下出血，很容易引起声带病变。

10. 心理因素

人体发声器官的运动是受心理因素支配的。中医学著作《黄帝内经》中就有“怒伤肝、喜伤心、忧伤肺、恐伤肾、思伤脾”的记载。教师的紧张、悲恸、愤怒、情绪波动等心理因素都会对嗓音产生很大的影响。

11. 药物的副作用

药物常常会有一些不同程度的副作用。如长期服用睾丸素、苯丙酸诺龙等激素会使声音变得粗哑，音调降低，女性嗓音男性化等。滥用安定、鲁米那、安眠酮、扑尔敏、苯海拉明会造成嗓音沙哑。

六、教师嗓音疾病的食疗药膳和中药配方

用食疗和茶疗方法来预防和治疗嗓音疾病是一件一举多得的事情。下面介绍的食疗药膳和水煎中药都需要用火来煎，而茶疗方法只需要用开水冲服即可。

（一）教师嗓音疾病的食疗药膳

1. 青龙白虎汤

青橄榄 5 枚，园白萝卜大小 2 枚洗净切块，加水适量同煮熟，加冰糖少许，吃萝卜和橄榄及汤。可治咽喉疼痛，鼻塞音嘶，可连服数天，平时常吃，对护喉美嗓有益。

2. 洋参银耳羹

西洋参 6 克，干银耳 15 克，泡发后加水适量煮成羹，加冰糖适量。可常吃。对咽喉有滋润保护作用。歌唱工作者、教师、演讲人员等可做常服食品，有利喉音的清亮悦耳。

3. 玄麦鸭块汤

玄参10克，麦冬20克，瘦肉型鸭块250克，共煨汤，至鸭酥烂为度，加调味，吃汤及鸭块。可做菜肴常吃，有利咽喉的养护。

4. 银甘绿豆汤

金银花6克，甘草6克，绿豆50克，共煮汤，吃绿豆及汤。能清热解毒，利咽润喉，对内热重、口渴咽干喉痛者适用。可常吃。

5. 枫斗清蒸鲈鱼

枫斗10克，先用鸡汤适量蒸20分钟备用。鲈鱼一尾，约500克左右，弄净去内脏。置鱼盆中，加酒、姜、盐等调料，并将蒸好的枫斗及汁倒在鱼上，入笼蒸熟，吃鱼喝汤。有清热润喉作用。

6. 荸荠梨汤

荸荠10个，梨2个，去皮切块，加适量水煮开后饮用。荸荠能止渴解毒、温中益气，与梨同用可防止梨的寒性伤胃。将荸荠打碎取汁液后直接服用，也可治疗急慢性咽喉不适。

另外，发音器官主要是由喉头、喉结和甲状软骨组成，这些器官又是由胶原蛋白质和弹性蛋白质构成的。声带也是由弹性蛋白质薄膜构成。因此，要想保养嗓子，应多吃些富含胶原蛋白和弹性蛋白质的食物，如猪蹄、猪皮、蹄筋、鱼类、豆类、海产品等。

当声音嘶哑，伴有声带及周围组织的充血、肿痛时，下列方法疗效较佳。

（1）拌吃银耳。将银耳洗净泡胀，撕成条块状，先用开水烫过，再用凉开水漂洗，之后加醋拌吃，每日2次，食量不限，2日后即可好转。

（2）拌吃芹菜。把芹菜洗净、切后，烫过加醋拌吃，每次一小盘，每日2次。

7. 桃杏仁凉菜

材料：桃仁20克，杏仁20克，花生米150克，芹菜250克。

做法：将桃仁、杏仁泡发洗去皮，花生米泡发洗净，加佐料共煮熟，勿煮过久。将芹菜洗净切段，用开水焯过待凉，与桃仁、杏仁、花生米拌匀，加入少量盐即可食用，可做正餐小菜。

功效：可行气活血，化痰开音。

主治：声带息肉，声嘶日久，讲话费力，胸闷。

8. 蜜萝卜

材料：白萝卜一小段，冰糖和蜂蜜适量。

做法：白萝卜洗净后切小块，放在碗里，倒入冰糖和蜂蜜，加水到淹过白萝卜的一半深度，然后放入锅内蒸熟即可。

用法：可喝汤也可吃萝卜，一天1～2次。

建议：适合短期过度使用喉咙造成的急性症状使用，不过要注意的是，肠胃较弱和感冒初期的人要少喝，以免腹泻或让症状加剧。

9. 蒸梨子

材料：新鲜水梨1颗，半夏3克，蜂蜜，冰糖。

做法：水梨洗净削皮，先剖半，把果肉心挖掉，塞进半夏。放在碗里后倒入冰糖、蜂蜜，水加到梨子一半深度即可，然后入锅蒸熟。

用法：可喝汤，梨子也可以吃，一天1～2次。

建议：适合短期过度使用喉咙造成的急性症状使用，不过要注意的是，如肠胃较弱和感冒初期的人要少喝，以免腹泻或让症状加剧。

10. 梨汁杏仁豆腐

材料：洋菜粉一茶匙（或洋菜四分之一两），牛奶半杯，杏仁粉二大匙，糖三大匙，水梨一颗，果糖或蜂蜜少许。

做法：洋菜粉放入锅中，加入四杯水煮溶，再加入糖使化开，加入牛奶、杏仁粉调匀，稍凉后倒入模型冷却，即成杏仁豆腐。水梨削皮、去核，磨成泥状。将杏仁豆腐切成丁状（或任何你喜欢的形状）置入小碗中，淋上水梨果泥与果糖（或蜂蜜）即可食用。

功效：清肺、润嗓，午后吃一盅，清凉又舒畅！

11. 紫桃萝卜汤

材料：紫菜、桃仁各15克，陈皮30克，白萝卜250克。

做法：紫菜撕碎，萝卜切丝，陈皮剪小块，共入锅煮半小时，去渣，取水煎液300毫升，桃仁打细粉，以水煎液调冲，并加调味品，即可食用。

用法：每日1～2次，可作点心食用。

功效：行气活血，化痰开音。

主治：声带息肉，声嘶日久，讲话费力，胸闷。

建议：紫桃萝卜汤是患有声带息肉的患者的食疗菜式，具有一定的作用，但是说要光吃紫桃萝卜汤来治愈的话，就有一定的困难了，最好是配合药物一起治疗。

（二）教师嗓音疾病的水煎药方

1. 金银花茶

金银花15克，杭菊花12克，甜桔梗、杭麦冬、凉玄参各10克，木蝴蝶3克，粉甘草6克，胖大海3枚，蜂蜜30～50克。上述药（除蜂蜜）用500～700克冷水浸泡15分钟，再煎20～30分钟，将这一煎汤汁倒出备用，再加水500毫升煮沸15分钟，为第二煎，两煎混合后加蜂蜜，再加温分次服用，每天一剂。饮后咽干、咽痛，不适及黏膜充血可缓解。

2. 菊杞茶

干菊花2克，枸杞3克，罗汉果6克，黄耆2克，甘草1克。所有材料加水500毫升，小火焖煮约15分钟，滤渣喝。适合平常说话就已经没什么声音的人。

3. 桑参茶

干桑叶4克，沙参3克，玉竹5克，麦门冬4克。所有材料加水500毫升，小火焖煮约20分钟，滤渣喝。适合常熬夜而喉咙干、痛的人。

4. 山楂陈皮汤

山楂 40 克，陈皮 10 克，红糖适量。山楂打碎，陈皮切碎，加水煎汤，加红糖适量温服。行气活血，化痰开音。主治声带息肉，声嘶日久，讲话费力，胸闷。

5. 清凉饮

黄芩、黄连各 6 克，薄荷、玄参、当归、白芍各 4.5 克，甘草 3 克。水煎取汁，调入适量白蜜，代茶频饮，服 3 剂。适用外感风热、内有郁火的咽喉肿痛。

6. 葫芦茶

鲜葫芦 30 克，丝条状水煎代茶频饮。适用慢性咽喉炎伴口干，咳嗽、痰浓。

7. 双皮茶

冬瓜皮 60 克，鲜橘皮 30 克，水煎代茶饮。适用咽喉炎伴咳嗽者。

8. 橄榄芦根茶

青橄榄果 4 枚，芦根 30 克，水煎滤汁代茶饮。

9. 青果桔梗茶

青果、桔梗、元参各 6 克，生甘草 2 克，水煎代茶频饮。

10. 芦苇根茶

芦苇根适量，加水煮沸后当茶饮。适用咽喉肿痛。

11. 麦冬白莲饮

麦冬、白莲各 12 克，冰糖适量加水炖后当茶饮。

12. 青果茶

青果、元参、桔梗各 6 克，生甘 2 克，水煎代茶频饮。

13. 薄荷叶茶

新鲜的薄荷叶煮水，加入冰糖适量。

14. 一味黄芩饮

黄芩 10～15 克，煎服，连服 3 次。防治肺热咽喉肿痛。

15. 青果绿茶

用青果、绿茶同煎，代茶饮用。

16. 清咽茶

桔梗12克，甘草6克，金银花15克，薄荷3克，水煎代茶，每日2剂，连服3～5日。适用于急慢性咽炎的咽喉红肿，疼痛。

17. 白萝卜糖汁

白萝卜洗净榨汁，加适量白砂糖，煎开后代茶饮。

18. 柠檬茶

柠檬1个，马蹄10个，共水煎服。每日1次。

（三）教师嗓音疾病的茶疗方法

没有条件用汤药的咽炎教师，可以用中药泡水代茶，频频饮用。中药泡水代茶，既减少了煎煮汤药的麻烦，又保留了汤药可以随证加减、因人而异的优点。频饮药茶使药物在患者体内始终保持一定的浓度，增强了疗效。同时，这种方法可使患者大量饮水，温热的水可以发汗透表，加快毒素的排泄。制作药茶，多选用质地轻柔，药性易于挥发的药物，且苦味、异味不能太大，让患者易于接受。常用药物有胖大海、金莲花、金银花、薄荷、玫瑰花、黄菊花、野菊花、麦冬、白茅根、沙参、枸杞子、乌梅等。下面介绍几十种药茶供选用。

1. 蜂蜜茶

茶叶适量，装入小纱布袋，置于杯中，用沸水泡茶，比平时饮茶稍浓，凉后加适量蜂蜜搅匀，每隔半小时用此液漱喉并徐徐咽下。

2. 木蝴蝶甘草茶

木蝴蝶6克，甘草4.5克，用沸水泡服。有清热、润肺、利咽作用。因感冒或喉炎等嗓音失润、发音粗糙者可饮服。平时饮服亦有护嗓作用。

3. 麦菊茶

麦冬、野菊花、玄参各9克，生甘草6克，胖大海2枚，沸水冲泡，代茶饮。饮后可另添加开水。一份药用2天，再更换新药。

4. 胖大海冰糖茶

胖大海数枚，洗净的杯中加冰糖，沸水冲泡，不时代茶饮。

5. 桑参茶

桑叶9克，人参6克切片，沸水冲沏代茶饮。适用于慢性咽喉炎伴咽干、气短、音哑者。

6. 双花茶

金银花、菊花、麦冬各3～5克，胖大海1～2枚，沸水冲泡，加盖焖泡15分钟，饮完再冲泡2～3次为宜。频饮清热润喉，常饮润喉护嗓。

7. 麦蝶茶

麦门冬20～30克，木蝴蝶6克，沸水冲泡，浸温5分钟后，频频含漱慢服，每天一剂，连服3～5日。适用于慢性咽炎的咽干、咽痒。

8. 金地茶

金银花15克，地丁草15克，沸水冲泡代茶，一日两剂。适用于急慢性咽喉炎的咽红肿痛。

9. 藏青果茶

以藏青果、胖大海、白荷花、麦冬适量，用沸水泡焖代茶饮用，可治咽干咳嗽和声音滞涩。

10. 罗汉果茶

罗汉果15～30克，切碎，放杯中，沸水冲泡，浸渍片刻，代茶饮。防治慢性咽炎伴声音嘶哑。

11. 润喉茶

陕青茶、米兰花、桔梗、胖大海适量组成，代茶饮。适用于咽干、咽痛、异物感、声音嘶哑不利等症。

12. 云麦桔甘饮

云麦12克，麦冬12克，桔梗6克，甘草3克，开水冲泡，代茶频饮。

13. 麦冬银花茶

麦冬 10 克，银花 5 克，胖大海 2 枚，泡水代茶饮。

14. 北沙参茶

北沙参 0.5 克，当年新茶 3 克，鲜石斛 0.25 克，麦冬 0.25 克，胖大海 1 枚，金银花 0.25 克，沸水泡沏代茶。适用于咽喉炎伴咽干、灼热、微痒、音嘶不持久等症。

15. 元参橘络茶

元参 0.25 克，橘络 0.01 克，杭白菊 0.25 克，苏梗 0.25 克，绿萼梅 0.01 克，高山绿茶 3 克，沸水冲沏数分钟后代茶饮。适用于慢性咽炎伴咽部不适、有异物感。

16. 生甘草茶

生甘草 0.01 克，桔梗 0.25 克，元参 0.25 克，野菊花 0.25 克，银花 0.25 克，陈皮 0.01 克，绿茶 3 克，沸水泡服代茶。适用于慢性咽炎急性发作之咽喉剧痛、干燥火热等症。

17. 生地双花茶

生地 15 克，双花 20 克，才冬 20 克，山豆根 5 克，胖大海 10 克，水煎代茶。

18. 丝瓜花蜜茶

新鲜丝瓜花 20 克，洗净撕碎，沸水冲泡，加蜂蜜 20 克调匀，每天1～2次。

19. 绿茶冰糖饮

沏好绿茶水加适量冰糖，溶后当茶饮。适用于咽喉不适者。

20. 橄榄夏枯草茶

橄榄 15 克，夏枯草 15 克，甘草 10 克，桔梗 15 克。分 3 份，分 3 日服，也可根据年龄和病情加减。先清洗后沸水冲泡，一日数次当茶饮。适用于咽有异物感者。

21. 玄参石斛茶

玄参、石斛、沙参、麦冬、生地各 15 克，用法同上。适用于咽干微痛者。

22. 金银花薄荷茶

金银花、菊花、胖大海、桔梗各 15 克，薄荷、甘草各 10 克，用法同上。适用于咽痛较重者。

23. 桑叶枇杷叶茶

桑叶、枇杷叶、橄榄、桔梗各 15 克，甘草 10 克，用法同上。适用于咽炎痰多，不易咳净者。

24. 蝉衣石斛茶

蝉衣 3 克，石斛 15 克，胖大海 15 克，用法同上。适用于咽炎伴声音嘶哑者。

25. 生山楂茶

生山楂 20 克，丹参 20 克，夏枯草 15 克，用法同上，适用于咽炎滤泡增生者。

26. 橄榄茶

橄榄 2 枚，绿茶 1 克，将橄榄连核切成两半和绿茶一起冲入开水，加盖焖 5 分钟后饮用。

27. 合欢花茶

合欢花、绿茶各 3 克，胖大海 2 枚，加冰糖适量，沸水冲泡代茶饮。

28. 荸荠汁

荸荠适量榨汁饮用。有泄热解毒、消肿止痛、清利咽喉功效。

29. 鲜藕汁

鲜藕汁 100 毫升，加蜂蜜适量调匀饮服，每日 1 次，连服数日。

30. 金莲花茶

金莲花 3～10 克，开水冲泡，先含后咽。防治急慢性咽喉炎，扁桃体炎。

31. 三七茶

三七花干品 3 克，沸水冲泡，温浸片刻后，频频含漱饮服。每天一至两剂，适用于咽喉炎伴红肿疼痛者。

32. 橄榄竹叶茶

选7个大、肉厚、色着绿的鲜橄榄（青果）30克，淡竹叶15克，红糖10克，加水500毫升，煮沸3分钟，徐徐温饮。每天一剂，分4次服用。清咽利喉，生津止渴，对咽干口燥、咽痒有效。

33. 麦花茶

麦冬10克，金银花5克，胖大海2枚，泡水代茶饮。

34. 白鲜皮茶

将鲜白鲜皮（即八股牛）去掉中间的木质，晒干后粉碎成粉，用开水冲化，每天喝1～2次，每次喝一两口，可兑适量蜂蜜。

35. 双花玄参茶

双花3克，玄参6克，麦冬6克，桔梗3克，橄榄3克，胖大海6克，赤芍6克，浙贝母3克，木蝴蝶3克，生甘草6克，每天一剂，开水泡代茶饮，15天为1个疗程。依据患者年龄、体质调整用药剂量。

36. 青菊茶

青果2枚，菊花6克，麦冬6克，西洋参6克，板蓝根6克，生甘草3克。用开水冲泡代茶饮，每日一剂，10天为1疗程。一般服药1～2个疗程即可见效。适用于肺阴不足型，症见咽部有异物感、隐痛发干、咽部痰黏、时轻时重等。

37. 金银菊花茶

用菊花、金银花或胖大海泡水当茶喝。

38. 玄参麦冬茶

玄参3克，麦冬3克，胖大海2枚。开水浸泡，课前课后代茶频饮。适用于慢性咽炎兼有大便干燥者。

39. 玄沙参茶

玄参、沙参、金银花各3克。开水浸泡，课前课后代茶频饮。适用于慢性咽炎兼有干咳烦热者。

40. 甘草桔梗茶

甘草 2 克，桔梗 3 克，金银花 5 克。开水浸泡，课前课后代茶频饮。适用于慢性咽炎急性发作者，严重者可药量加倍，当汤药煎服。

41. 黄陂水茶

把黄陂挤破泡水喝。

42. 岗梅片茶

用岗梅片、复方冬棱草片或八仙果泡水当茶喝。

43. 薄荷杭菊花茶

薄荷、杭菊花各 6 克，泡开水当茶饮，每日一剂。

注：

1. 所介绍各药茶除注明适用症的外，没有注明者均系适用慢性咽喉炎。

2. 所介绍各方，均摘选自《大众医学》《健康指南》《求医问药》《大家健康》《家庭医学》《大众健康》《祝您健康》《科学养生》《大众中医药》《家庭中医药》《益寿文摘》《老同志之友》《健康时报》等报纸杂志。

3. 仅供治疗参考，不宜做治疗依据。

第二章

教师的用嗓原则

练好嗓音，用好嗓音，科学地保护好自己的嗓音，是每一位教师需要认真考虑并且科学认识的大事。嗓音保护，指的是积极地保护，是在使用中的保护，一副好的嗓音是用出来的。教师要想保护好嗓音，必须掌握一些基本的用嗓原则。

练好嗓音，用好嗓音，科学地保护好自己的嗓音，是每一位教师需要认真考虑并且科学地认识的大事。但是，我们提的嗓音保护指的是积极地保护，是在使用中的保护，一副好的嗓音是科学地用出来的，而不是在一声不吭当中保护出来的。在这里，我们要强调的是“用”的积极的一面。

教师要想保护好嗓音，首先必须掌握一些基本的用嗓原则，下面就从四个方面分别予以说明。

作者在给深圳市教师上继续教育课程《教师美嗓》

一、教师讲课时的用嗓原则

中国有句古话叫“日出千言，不损自伤”。教师若整节课满弓满调都扯嗓子滔滔不绝地讲，就极易导致嗓音疾病。

教师讲课时应该掌握以下用嗓原则。

（1）讲每句话之前都要先深吸一口气并保持住，直到这句话全部讲完为止。

（2）气息支持一定要贯穿讲话的始终。

（3）吸引学生注意力的往往不是大声，而是小声。

（4）要充分利用眼神“讲话”，以此来节约用嗓。

（5）课堂上不讲多余的话，能用一句话表达的就不用两句话。

生病的时候更要少讲话。

（6）语速要慢。

（7）学生吵闹的时候不要急于讲课，等安静下来再讲。

（8）学生没听懂的时候不要心急，一定要心平气和。

（9）学生大声吵闹的时候，不要企图用更大的声音来压倒他们，而要用眼神、停顿、惊堂等办法来解决。

（10）上课采取互动方式，把一部分说话机会让给学生，以此来节约用嗓。

（11）充分利用非语言信号来吸引学生的注意力，比如，表情、肢体、多媒体等，以避免用嗓过度。

（12）上课前调整好自己的心态，把烦恼、压力等全部抛到九霄云外，高高兴兴地走进教室，所有问题全部等到下课后再去解决。

（13）下课时最好不要讲课，因为下课时环境比较吵闹，而且学生也不易集中精神听讲。

（14）上课时可以备一杯温开水，口干舌燥时润润喉。

（15）充分利用教师的“气场”稳住课堂，吸引学生的注意力。

（16）规定学生每节课前集体演唱歌曲或朗诵古诗词等，教师在门口等学生安静下来再进教室上课。

（17）体育教师可以在接新班的时候向学生宣布什么哨声代表什么意思，以后就用哨声管理学生。

（18）对于个别调皮捣蛋的学生，教师可以用“正常目光注视”“严肃目光注视”“责备目光注视”“批评目光注视”“手指方向专指”等不同程度的“无声批评”来管理学生。

（19）每节课上课前教师先向正在说话的学生提问，长期坚持下来，学生一见教师就会安静。

（20）课前表情严肃地、静静地站在门口看着全班学生，一般情况下，学生都会很快安静下来。

（21）明确告诉学生，随便说话的学生将会被留堂，这样也能起到一些震慑作用。

（22）音乐教师可以设法用音乐管理学生。

二、教师平时讲话时的用嗓原则

教师在日常生活中如果不注意讲话的方法，也同样会导致嗓音病变。

教师平时讲话时应该掌握以下用嗓原则。

（1）沉默是金。要尽量少说话，没有意义的话不说，可说可不说的话不说。

（2）少唠叨，不说悄悄话。细声说话跟悄悄话的发声方法是不同的。细声说话是将音量放小，用适当的音调来说话；而悄悄话是不需声带震动而发声，这是一种十分费力的说话方式，而且音调不当，反而容易对声带造成伤害。特别是在感冒时，绝对不可以用这种方式说话。

（3）在嘈杂的环境里少说话。比如，在歌厅、舞厅、噪音很大的公共汽车里、人声鼎沸的会堂或教室等地方要尽量少说话。在噪音过高的环境中说话，会使我们不自觉地提高音量，增加声带负担，所以在嘈杂的环境中宜尽量避免说话。

（4）养成慢慢说话的习惯。讲话时，千万不要心急。心一急，语速就会加快；语速一加快，方寸就会乱，气就容易浮起来，导致发声不当，嗓音就很容易嘶哑。嗓音沙哑的人，相当一部分都是急性子，所以要养成慢慢说话的习惯。

（5）尽量避免长时间大喊大叫、尖叫、大笑和喝彩，要尽量避免参与这些场合的活动。

（6）少跟人吵架。激动、争辩、大声吵架、哭等都很容易损坏嗓子。

（7）用嗓结束后，如果觉得嗓子不舒服，可以含点润喉糖之类的东西，也可以通过喝水、吃水果等办法来解除嗓音疲劳。

（8）用嗓不可过量。如果用嗓后嗓子出现发干、发痒、疼痛、发热、破音、沙哑、有痰等情况，就说明用嗓过量了。

（9）改掉清嗓习惯。很多人可能经常用咳掉喉中的痰来使自己的声音更加清晰，但这个动作使声带瞬间严重拉紧，容易造成声带损伤。如果觉得喉咙难受，可以小口地饮水或是吞咽。但如果您必须不停地清嗓子，那就去找医生检查一下。

（10）避免用嗓过度。用嗓过度是指滥用超过本人能力范围的嗓音。人的发声能力分音高（声音频率范围）、音量（声带张力）、时值（发音用声的时间）三个方面，超过能力范围的用声将容易导致声带病变。说话要保持适宜的音量和音调，最好是匀速。用声不要过长、过高、过累。

（11）科学发音。高音、低音、中音交替使用，这样发音不但有声有色，还可以使声带各部分交替休息。

（12）说话时，音量、速度和音调要适中。如果说话不到 10 分钟，就觉得喉干、中气不够、声音出不来，就说明说话的音量、速度或音调不适中。

（13）尽量不要长时间连续说话，用嗓 20 分钟左右最好能让嗓子休息一下。如必须长时间说话，则尽量坐在房间的中央说话，并要在他人静下来时才开始说话。

（14）不要长期侧着头跟人谈话。说话时，头要竖直，头、面、颈、喉部的肌肉要放松。

（15）日常生活中讲话要养成有气息支持的习惯。

三、教师歌唱时的用嗓原则

很多教师喜欢在工作之余唱唱歌，娱乐、放松一下。如果不注意以下问题，也会导致嗓音疾病。

（1）感冒、嗓子不适时，应轻声唱，最好休息不唱。

（2）女性妊娠六个月、产后不满两个月的，最好休息不唱歌；

产后两个月以上，方可练唱。

（3）剧烈劳动、剧烈运动之后，一定要休息 3～4 个小时后方可练唱。

（4）失眠、睡眠不足、嗓音疲劳时，应轻声唱，最好休息不唱。

（5）出现发烧、腹泻等情况时，一定要等到身体康复，精力、体力复原之后，方可练唱。

（6）旅游之后，最好当天不要唱歌，睡上一觉，第二天再唱歌，效果最佳。

（7）初学声乐的每次练唱时间不要超过 20 分钟，禁声休息 1 个小时之后再练。

（8）练唱要在身体健康、嗓子舒服的情况下进行。

（9）练唱最好在自己能够承受的、不费劲的音域内练习。不要大喊大叫，尤其不要乱喊高音，也别压着自己的嗓子唱那些自己无法驾驭的低音。

（10）选歌切忌好高骛远，切勿去选那些超过自己歌唱能力和声音条件的歌。

（11）有人喜欢在 K 歌房里边唱歌边喝酒，觉得很过瘾。其实，这样很容易让嗓子出问题。

四、教师在特殊情况下的用嗓原则

（1）教师生病时，特别是患有咽喉疾病的，一定要注意节约用嗓，能不说话就尽量不说话。

（2）教师声带出现病变，如小结、息肉等症状，一定要禁声，并尽快就医。

（3）教师生气时，一定要克制自己，尽量不讲话。如果非要讲话，那就一定要先深吸一口气并保持住，然后再讲话。

（4）女教师在例假期间、生产前后，讲话一定要小声，并尽量少讲话。

第三章

教师在日常生活中保养嗓音的方法

要保养好嗓音，首先要保养好身体。身体健康状况直接影响着一个人的发声活动。强健的身体是嗓音之源，嗓音依赖身体而存在。没有强健的身体，就不可能有美妙的嗓音。所以，在日常生活中，教师要经常锻炼身体，提高身体素质，保持强健的体魄，并掌握一些保养嗓音的方法，做美嗓操。

一、锻炼强健的体魄

要保养好嗓音，首先要保养好身体。

身体健康状况直接影响着发声活动。发声器官是人体的一个组成部分，分属各重要的生理系统，受身体健康的直接影响。如哮喘、胸膜炎直接影响发声的呼吸；神经衰弱、长期失眠导致全身乏力、食欲不振、精神萎靡，就会出现音质变化；经常伤风感冒，扁桃体发炎，呼吸道、喉腔黏膜充血、水肿，长期咳嗽等均会影响发声器官的正常工作，造成声带闭合不良、充血、水肿，从而出现声音嘶哑。俗话说："体壮声洪，体弱声嘶。"可见，身体不健康对嗓音是有很大的负面影响的。

强健的身体是嗓音之源，嗓音依赖身体而存在。没有强健的身体，就不可能有美妙的嗓音。所以，在日常生活中，要注意身体保健，尽量少生病，生病后一定要尽快治疗，特别是感冒、咽喉发炎等。

经常锻炼身体，提高身体素质，保持强健的体魄，是保养嗓音的一个重要方法。

二、教师在日常生活中保养嗓音的方法

(1) 保证足够的睡眠时间。睡眠充分，声带不易疲劳。熬夜最容易损坏嗓子。

(2) 患有急性咽喉炎应及早治疗，避免转成慢性咽喉炎。及时治疗并避免咳嗽，以防震伤声带。感冒时要注意声音休息，尤其是在感冒时出现声音嘶哑，甚至引起声带急性发炎、水肿而"失声"后。特别需要强调的是，酒后、感冒后或患有咽喉炎症时，应避免大声喊叫或长时间说话，让声带彻底休息，以免形成声带小结。这时的"沉默疗法"对"失声"是最好的处方。

(3) 在冬天、干燥的季节，尽量避免用口呼吸，尽量不要在空

气质量不好的地方逗留。

（4）尽量戒烟、戒酒。

（5）生活要有规律，饮食起居要正常、科学、有节制。切忌饥一顿、饱一顿，使肠胃受到损伤，呼吸受阻。

（6）尽量少吃刺激性的食物，主要包括辛辣食物、油炸香脆食品和炒货等，也不要吃味道太浓的食物。

（7）多吃水果、蔬菜。需要注意的是，橘子吃多了易上火，菠萝吃多了易中毒，香蕉吃多了易拉肚子，李子吃多了易染疟疾。

（8）多喝水。以矿泉水、白开水、茶水为宜，少喝饮料，饮料中含有糖、色素、防腐剂等，对身体不好。经常保持口腔、嘴唇及室内湿润，可使发声较容易。对那些喜欢睡觉时开冷气的人来说，多喝水尤为重要。随时补充水分，避免在口干舌燥的情况下说话。如果感到喉咙干燥时，尝试用口吸水蒸气。

（9）如果声带对哪种食物敏感，就少吃或不要吃。也就是说，吃了哪种食物嗓子会觉得不舒服，就少吃或不吃。太冷、太热的食物，如冷饮、火锅、麻辣烫等，也要少吃或不吃，特别是上课或演讲前后一小时之内不能吃。

（10）定期做嗓音保健检查。争取早发现、早治疗，一旦患上严重的嗓音疾病，如声带小结、声带息肉等，应及时治疗。

（11）把香蕉皮晒干，用清水清洗，在煮沸的冰糖水中加入香蕉皮，直到水由清变黑。喝汤时吃掉香蕉皮。

（12）如果嗓子感到刺痒、干燥或有烧灼感，可采用热熏气疗法。方法是将口腔对着有热气的茶杯或茶壶呼吸，很快就可使不适症状消失。

（13）对一些使嗓音发生变化的药物，要遵医嘱慎用。如抗生素、止痛片、扑尔敏、激素等。相对来讲，中成药对嗓音的损伤比西药小。

（14）讲究卫生，勤洗澡，勤换衣，饮食用具常消毒，尽量不用公共碗筷。

（15）常做喉部按摩。垂下头，用拇指和食指按住喉头两边上下打圈做按摩。指压力量以感觉舒适为度，不可用力过大，每次约 2～3 分钟。（如下图）

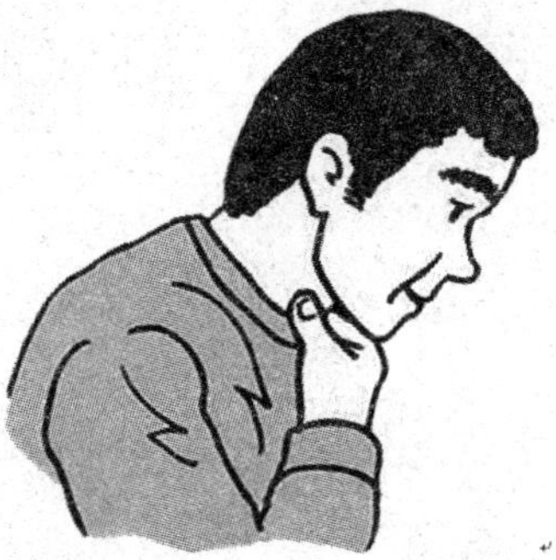

（16）毛巾热敷。把毛巾用热水浸透后拧干敷在颈部，温度以不烫伤皮肤为宜。

（17）用雪梨捣汁加开水冲服。

（18）加强劳动保护，对教学过程中的粉笔灰需妥善处理。

三、教师美嗓操

肩膀及颈项上的肌肉对声带的运动有一定的影响。如果这些肌肉在人说话时能放松，人的声带的运动就会更正常。

教师可依下图练习舒缓放松运动，首先背靠椅背坐下来，将注意力集中在肌肉的收紧及放松上。每个动作做 3 次。

（1）勾脚、放松。

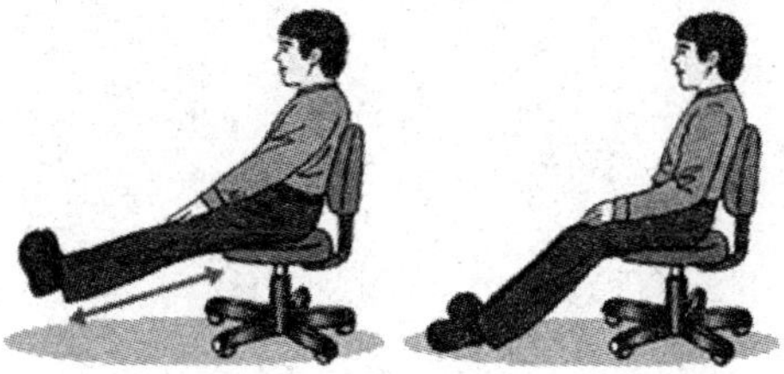

（2）紧握拳头、放松。

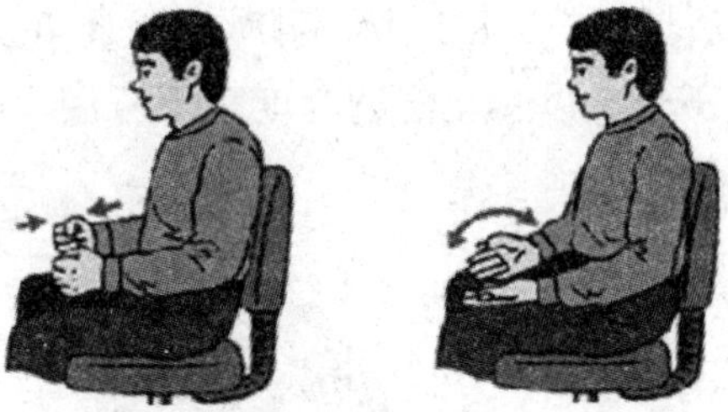

（3）手举高用力向下拉、放松。

（4）手拉手向左右两边拉、放松。

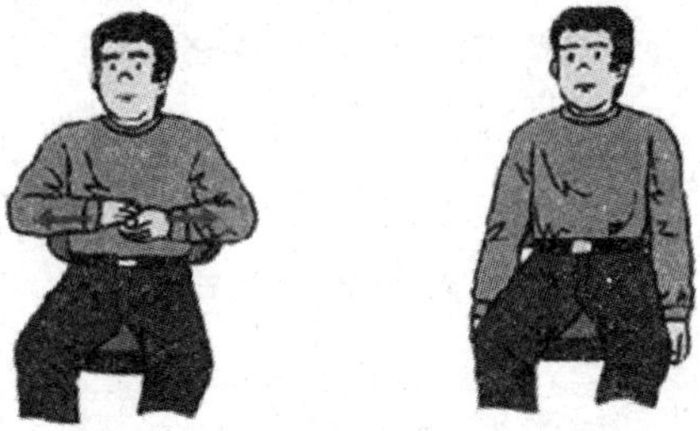

（5）缩起肩膀、放松。

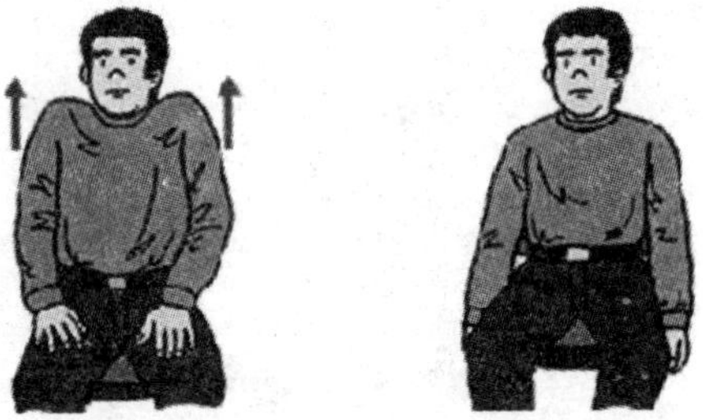

（6）肩膀向前打圈、放松。

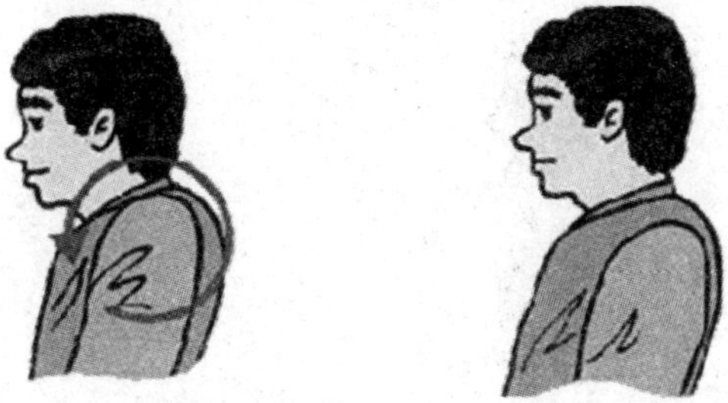

（7）肩膀向后打圈、放松。

（8）头慢慢向右转、慢慢返回向前看。

（9）头慢慢向左转、慢慢返回向前看。

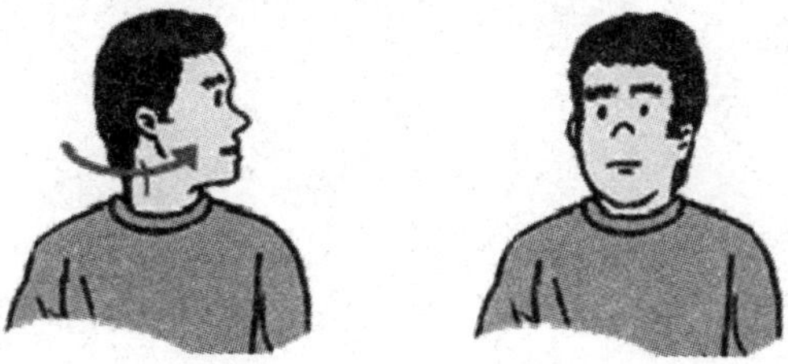

（10）头慢慢向上抬、慢慢返回向前看。

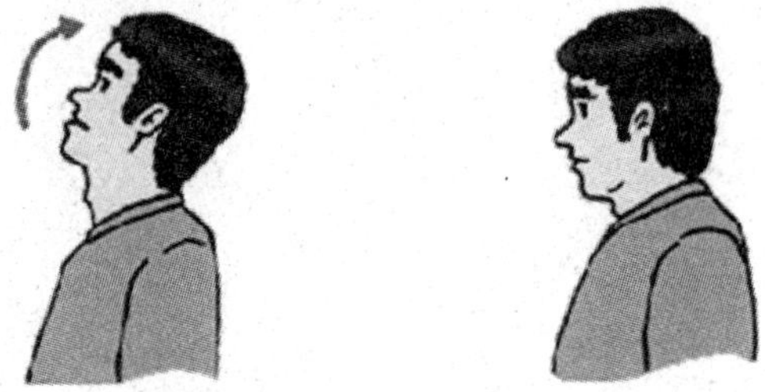

（11）头慢慢向下低、慢慢返回向前看。

以上大部分动作也可以站着做，效果一样。

第四章

教师应建立科学的发声方法

发声方法不科学是易患嗓音疾病的首要原因。要防止声带受到损伤，发生病变，应建立起正确的发声方法。加强科学的嗓音训练是改善教师用嗓的有效途径。将艺术嗓音运用于语言嗓音中，让教师接受一定的声乐训练，学会科学的发声方法，预防因不正确发声而导致的嗓音疾病，把唱歌时的呼吸、打开喉咙、共鸣等技术运用于讲课时的发声，是十分必要的。

发声方法不科学是易患嗓音疾病的首要原因。要防止声带受到损伤，发生病变，就应建立起正确的发声方法。

如患有声带小结等疾病，即使做了手术或者进行其他治疗后一度好转，但若发声习惯得不到正确的纠正，病变仍有可能再次发生。因此对有嗓音疾病的教师来说，在接受医学治疗外，更要注意进行正确的嗓音训练。即使是没有嗓音疾病的教师，为了预防嗓音疾病的发生，也必须掌握科学的发声方法。

正确、科学的发声方法，就是要运用最节约的发声能量，发挥发声器官最大的作用。发声方法不正确具体包括呼吸方法不正确、声带运动失调、共鸣运用不良等几种情况。

加强科学的嗓音训练是改善教师用嗓的有效途径。将艺术嗓音运用于语言嗓音中，让教师接受一定的声乐训练，学会科学的发声方法，预防因不正确发声而导致的嗓音疾病，把唱歌时的呼吸、打开喉咙、共鸣等技术运用于讲课时的发声，是十分必要的。

一、气息支持练习方法

说话和唱歌的发音方式是相通的。意大利男高音歌唱家卡鲁索说：“在所有学习歌唱的人中，谁掌握了正确的呼吸，谁就成功了一半。”我国著名歌唱家郭兰英在谈到运用正确的呼吸方法时也说：“唱歌时小肚子常是硬的，唱得越高就越硬。”

气息是发出声音的动力，呼吸是发音的动力来源，更是各种声音技巧的“能源”。要发出美妙的声音，呼吸尤其关键，就像判断一辆跑车性能的优劣关键要看它的马达一样，只有正确的呼吸才有正确的发音，才能发出美妙的声音。所以，要想保证嗓音不嘶哑、不失声，最重要的一点就是嗓音一定要有气息支持。

气息支持是教师“美嗓”的核心问题，那气息支持到底是怎么一回事呢？

我们可以做这样一个试验：在婴儿大哭或者大笑的时候，用手去抚摸婴儿的小腹，会发现他的小腹紧绷绷的，像一块铁板一样。这，就是奥秘所在！这，就是科学的发声方法！这，就叫作气息支持！

这种科学的发声方法是人类与生俱来的宝贵财富，不需要学就会。可惜的是，随着年龄的增长，大部分人的这种能力都退化了。

我们来分析一下紧绷绷的小腹是怎样产生的。它是由两股力量相持产生的：一股是通过往小腹吸气产生的力量，另一股是收紧小腹产生的力量。两股对抗力量越大，小腹就越硬；小腹越硬，说话的动力也就越足。这就是所谓的气息支持。

有气息支持的嗓音才不会嘶哑、失声，有气息支持的嗓音才会美妙动听，有气息支持的嗓音才会具有长久的生命力。

1. 气息支持练习方法步骤一

如何训练才能获得气息支持的能力呢？

首要的一点就是，气要能够吸到小腹。有很多方法可以很快解决把气吸到小腹的问题。

（1）“狗喘气”的方法：就是学狗张嘴呼吸的练习，短而急促，又叫“蛤蟆气”。

（2）闻花香的方法：仿佛面前有一盆香花，深深地吸进其香气，屏住一会儿后缓缓吐出。

（3）吹蜡烛的方法：模拟吹灭生日蜡烛，深吸一口气后均匀缓慢地呼出，尽可能时间长一点，达到25～30秒为合格。

（4）咬住牙，深吸气的方法：咬住牙，深吸一口气后，从牙缝中发出“嗞——”声，力求平稳、均匀、持久。

（5）数数的方法：从1数到10，往复循环，一口气能数多少遍就数多少遍，要数得清晰响亮。

（6）绕口令的方法：用绕口令或近似绕口令的语句练习气息。

例1：

广场上，飘红旗，看你能数几面旗：一面旗，两面旗，三面旗，四面旗，五面旗，六面旗，七面旗，八面旗，九面旗，十面旗，十面旗，九面旗，八面旗，七面旗，六面旗，五面旗，四面旗，三面旗，两面旗，一面旗。

这是一段练习气息的绕口令，开始说之前，先调整呼吸，气沉丹田，气要吸满，但又不要过饱，免得难以控制。开始说的时候，要保持吸气的最终状态。中间不换气，既要说得快，又要说得清，还要有一定的音量，不能脸红脖子粗地往外挤字。

例 2：

出东门，过大桥，大桥底下一树枣儿，拿着杆子去打枣儿，青的多，红的少。一个枣儿，两个枣儿，三个枣儿，四个枣儿，五个枣儿，六个枣儿，七个枣儿，八个枣儿，九个枣儿，十个枣儿，十个枣儿，九个枣儿，八个枣儿，七个枣儿，六个枣儿，五个枣儿，四个枣儿，三个枣儿，两个枣儿，一个枣儿，这是一个绕口令儿，一气儿说完才算好。

这段绕口令的基本要求和前面一段绕口令一样，但有几点要注意：儿化音要说清；一个、两个的“个”字虽是轻声，但要说清，更不能图省事，省略了“个”字，说成“一枣儿，两枣儿，三枣儿……”；“十个枣儿”说两遍；朗诵中间不准换气，中间换气不能通过。

例 3：

南园一堆葫芦，结得滴里嘟噜，甜葫芦，苦葫芦，红葫芦，鼓葫芦，好汉能数出二十四个葫芦：一个葫芦，两个葫芦，三个葫芦，四个葫芦……

吐字归音要正确，“葫芦”不要说成“葫物”；“滴里嘟噜”的每个字都要说清；“甜、苦、红、鼓”的顺序不要错；“二十四”的“十”字要说准确；一口气能说出二十四个葫芦是好汉，能数出十二个葫芦以上就算通过。谨记，一定要先解决把气吸到小腹这个问题，再进行接下来的练习。

2. 气息支持练习方法步骤二

学会了把气吸到小腹之后，就得学习如何收小腹了。收小腹谁都会，关键是收小腹的动作必须和把气吸到小腹的动作同时进行，这就比较难了。把气吸到小腹会使小腹凸出来，而收小腹却要把小腹收回去，这是一对矛盾，如何能够同时做到这两点呢？这里，我给大家介绍几种练习的方法，选择其中一种适合自己的来练习就可以了。

(1) 发长“思”音和短“思”音。

(2) 长“抖唇”练习和短“抖唇”练习。

(3) 端一盆水或手持重物自然说话。水或重物的重量必须达到自己几乎拿不起的程度。

(4) 在“字头”上用拳头打自己的小腹。

(5) 练武之人打拳的同时喊出声来。

(6) 原地弹跳，尽量往高处跳，跳一次念一个字。

(7) 蹲下说话或唱歌。

(8) 弯下腰说话或唱歌。

(9) 先收小腹再吸气，吸气前后小腹一直要保持，坚决不能松掉。

(10) 平躺在床上，小腹上站一个人或放一重物后自然说话，小腹的承重量越大、承重时间越长，气息支持就越好。

(11) 平躺下来，下半身保持不动，上半身仰起来并与床面形成30度夹角，保持这种状态自然说话。

(12) 平躺下来，上半身保持不动，伸直并抬起双腿与床面形成30度夹角，保持这种状态自然说话。

(13) 两个人背对背，同时向对方撞击，撞击的同时念字，撞一次念一个字。

在这里需要提到的是，气息支持不是一朝一夕可以练好的，需要长期练习。所以练习者需要有一种持之以恒的、顽强的精神。

3. 气息支持练习例句

练习了气息支持方法以后，就需要把它用到我们说的每一个字、每一个词上。要养成一种习惯，只要张嘴说话，就要有气息支持，习惯成自然以后就好了。

下面给大家推荐一些练习气息支持的例句，这些练习最好在音乐伴奏下进行，并且要把字念在节奏上。

（1）坚持到底，打死不退，永不放弃。

（2）山不过来，我就过去；不能改变世界，就改变自己。

（3）没有任何借口，每天锻造自我。

（4）人人都是天才，人人都能成功。

（5）立即行动，在行动中获得力量。

（6）你越努力，你的运气就会越好。

（7）成功一定有方法，而且你一定能找到。

（8）只要不服输，失败就不会是定局。

二、共鸣的练习方法

人体的声带振动发出的声音称基音。基音很微弱，只占人们讲话音量的5%左右，其他95%左右的音量需要通过共鸣腔放大得来。共鸣腔是决定音色的重要发音器官，直接引起语音共鸣的是声带上方的喉、咽、口、鼻四腔，此外，胸腔和头腔也有共鸣作用。说话用声是以口腔共鸣为主，以胸腔共鸣为基础。共鸣器以咽腔为主，又可分为高、中、低三区共鸣。高音共鸣区即头腔、鼻腔共鸣，音流通过该区共鸣，可以获得高亢响亮的声音；中音共鸣区就是咽腔、口腔共鸣，这里是语音的制造场，是人体中最灵活的共鸣区，音流通过该区共鸣，可以获得丰满圆润的声音；低音共鸣区主要是胸腔共鸣，音流通过该区共鸣，可以获得浑厚低沉的声音。

有的教师不会使用头腔共鸣、胸腔共鸣，只会借助真声、喊叫发声，不但嗓音易疲劳，而且语调缺乏抑扬顿挫，对学生没有吸引力。

因此，教师有必要通过朗读以下的内容大声进行练习。

1. 胸腔共鸣练习

（1）暗淡　反叛　散漫　计划　到达

（2）小柳树，满地栽，金花谢，银花开。

2. 口腔共鸣练习

（1）澎湃　碰壁　拍打　喷泉　品牌

（2）山上五株树，架上五壶醋，林中五只鹿，柜中五条裤，伐了山上树，取下架上醋，捉住林中鹿，拿出柜中裤。

3. 鼻腔共鸣练习

（1）妈妈　买卖　弥漫　出门　戏迷

（2）小花猫，喵喵喵，伸伸懒腰喵喵喵；小水牛，扭扭扭，摇摇尾巴扭扭扭。

在练习时要注意仔细体会发音时胸腔、口腔、鼻腔共鸣的感觉。

第五章

教师应注意心理因素对嗓音的影响

教学是一门富有感情的艺术，教师的心理自始至终都影响和支配着嗓音技能、技巧，教师在教学活动中的心理状态将直接影响着生理活动。心理健康是教师拥有美好嗓音的基础，轻松舒畅的心理状态不仅有利于嗓音的发挥，还能对嗓音起到保护作用。因此，在教学中积极主动地利用各种条件提升心理素质、提高讲话能力是每位教师必须培训的重要课题。

心理学告诉我们，人的任何活动都是在心理调节下进行的，因此心理活动直接关系到人的实践能力。心理健康是教师拥有美好嗓音的基础，轻松舒畅的心理状态不仅有利于嗓音的发挥，还能对嗓音起到保护作用。所谓“暴怒失音，恸泣失声”，正说明了心理因素对嗓音的影响。

当今社会的每个人都会或多或少地感觉到竞争所带来的压力，教师更不例外，大多数教师感到工作压力很大，精神常常处在紧张、忧虑、压抑的状态中，这些都会对说话发声的控制力产生影响。

教学是一门富有感情的艺术，教师的心理自始至终都影响和支配着嗓音技能，教师在教学活动中的心理状态将直接影响着生理活动。

一位训练有素的优秀教师，通常具有良好的心理素质，能够适应不同的学生群体、不同的场景，能让自己充满喜悦和幸福。教师的心理受各种条件的影响和制约，如何在教学中积极主动地利用各种条件提升心理素质、提高讲话能力是每位教师必须培训的重要课题。

一、教师心理状态的调节

针对不同的情况，教师可以通过以下几种方法来调节心理状态、情感情绪，营造良好的学习氛围，提高效率，克服紧张心理。

1. 课前做好充分准备

教师如果对自己教学的内容准备不充分，就会害怕出现问题。可想而知，当教师讲授非常生疏的内容或是超出自己力所能及的知识范围的内容时，肯定会产生一种紧张心理，从而导致嗓子发干、表达不畅。所以，课前教师要做好充分的准备，熟悉教学内容、教学重难点、教学环节等，把可能出现的问题提前预设好，要多试讲。只有苦练基本功，熟练掌握教学内容，教师才能信心百倍，不影响嗓音的发挥。

2. 增强自信心

自信心是一个人自己相信自己的愿望或预想一定能够实现的一

种心理状态，是一个人的自我意识的重要组成部分，是一个人自我意识成熟的一种表现。自信心是力量的源泉，是胜利的保证。在教学中，有很多教师缺乏自信，易产生紧张、焦虑的心理，不仅会影响教学水平的发挥，导致教学失败，还会影响嗓音的发挥。缺乏自信心的原因多种多样，最主要的就是不相信自己，心理负担太重。这类教师总是有这样或那样的担心，害怕出现这样或那样的问题，对自己没有把握，自我怀疑甚至自我否定，给自己造成很大的心理压力。久而久之，就会越来越缺乏信心，每节课都会觉得胆战心惊、焦虑不安。因此，增强自信心是克服嗓音问题的先决条件。

3. 克服怯场心理

教师在教学中所表现出的各种心理现象都会影响到嗓音，而怯场又是许多教师在教学中时常表现出来的不正常心理现象。教学中，怯场现象的表现多种多样，比如，教学时心发慌、手脚冰凉、腿发抖等。虽然对于教师来说，适度的紧张是必要的，但如果心情过于激动，就会出现高度兴奋或恐惧的状态，造成心理极度紧张，会给发声造成巨大的障碍。

造成怯场的原因主要有两点。首先，教学环境可能导致怯场。环境虽然不属于心理现象，但它是听觉、视觉、触觉等心理因素所能感受到的，所以环境因素对教师的心理也有着重要的影响。如天气情况、教学场地的大小、学生人数的多少、是否有亲人或领导在场、是否有所崇拜的专家在场等环境因素，都是导致教师怯场的潜在的重要因素。其次，心态不平和、过度紧张，缺乏自信，导致面部肌肉僵硬，气息不能自由通畅，声音发抖或僵直。怯场心理不但易使教师平时熟练的发声技巧发挥不出来，使教学出现困难甚至失败，而且还会使教师失去自信心，所以教师应努力克服。

4. 勿求胜心切

我们做任何事情都要有自信心，但有自信心不等于一定要求胜。如参加比赛，我们所能控制的只能是做好自己该做的，至于结果，我们无法控制。所以，我们不能太在意结果，不能求胜心切。教学同样如此，教师如能坦然面对结果，对嗓子一定是有好处的。

5. 改掉急性子

嗓音沙哑的人往往都是急性子。对于这类人出现的嗓音沙哑问题，医疗的作用不大，逐渐改掉自己的急性子才是解决嗓音问题的最好办法。下面的方法对帮助教师改掉急性子有较好的效果。

（1）学生没有听懂的时候，千万不要心急，冷静分析原因，慢慢解决问题。

（2）遇到顶撞自己的学生，一定要冷静、克制，心平气和地跟学生沟通，或者先冷处理，回头再想办法解决问题。

（3）做事之前，不断重复“慢慢来”或者“冷静冷静”“淡定淡定”之类的话语，给自己心理暗示。

（4）寻找一下身边有无做事冷静的朋友，跟他一起相处一两个月，让他一发现你做事过急就提醒你。

（5）通常因为一些特殊的事情容易情绪紧张，如面试、演讲、和别人发生冲突等，要有意识地把这些容易让自己情绪紧张的事情当作锻炼自己稳定情绪的最佳机会。

（6）如果急的根源是行动之前缺乏冷静思考，建议你在做一件事情前先把事情细化，列一张时间表逐一完成。坚持下来，你不仅会懂得细化和计划的好处，还能形成踏实谨慎的做事风格。

6. 性格不宜太暴躁

性格暴躁对嗓子是很不利的，心理学认为胆汁质的人最大的特点就是爱发脾气。发脾气的时候，很容易让嗓音完全嘶哑。所以，尽量少发火，时刻克制自己的情绪，让自己经常保持在一种温和的状态中，这对嗓子是非常有利的。

关于如何制怒，张源侠、骆丽萍等人编著的《实用心理自我疗法》里有几种方法非常好，我们一起来学习一下。

1. 认识评定法

一个心智健全的人是绝不会无缘无故发怒的，发怒总有原因和针对性。这个原因在易怒者眼中是不可忍受的导火索，但另一些人则认为不必或不屑为之动气。所以学会制怒必须从提高自己对外界刺激的耐受力和对外界刺激的客观评价入手。

第一步，对自己以往的行为进行一番回忆评价，看看自己过去发怒是否有道理。经过这样一回忆，你会发现自己有时候是明显地无理取闹。有一个很有趣的故事可以说明问题。一天，老板对下属发火，原因是下属工作失误。这位下属不敢对老板生气，回来对妻子乱发脾气，妻子没法，只好对儿子发脾气，儿子只能对猫发脾气。这一连串的发脾气只有开头老板对下属发脾气是有些缘由的。这后来的一连串发脾气都是无中生有。

如果你在发怒之前能想一想发怒的对象和理由是否合适，方法是否适当，你发怒的次数就会减少90%。

第二步，低估外因的伤害性。生活中我们可以观察到，易上火的人对鸡毛蒜皮的小事都很在意，别人不经意的一句话，他会耿耿于怀。过后，他又会把事情尽量往坏处想，结果，越想越气，终至怒气冲天。脾气不好的人喜欢自寻烦恼，没事找事，惹点祸来闯闯。制怒的技巧是，当怒火中烧时，立即放松自己，命令自己把激怒的情境“看淡看轻”，避免正面冲突。当怒气稍降时，对刚才的激怒情境进行客观评价，看看自己到底有没有责任，恼怒有没有必要。

莎士比亚笔下的奥赛罗听信小人谗言，怒发冲冠，回到家中不问青红皂白把爱妻一剑送入黄泉，及至觉悟，已为时晚矣。痛不欲生的奥赛罗自尽身亡，从而酿出一幕人间悲剧。如果当时奥赛罗稍冷静地想一想，对事件有一个理智的估价的话，就不会做出这样的傻事了。

2. 能量转移法

怒气似乎是一种能量，如果不加控制，它会泛滥成灾；如果稍加控制，它的破坏性就会大减；如果合理控制，甚至可能有所创益。

日本老板想出奇招，专辟房间摆上几具以公司老板形象制作的橡皮人，有怒气的职工可随时进去对“橡皮老板”大打一通，揍过以后，职工的怒气也就消减了大半。如果你平时生气了，出去参加一次剧烈的运动，或看一场电影娱乐一下，哪怕出去散散步也与这种方法有异曲同工之妙。

脾气暴躁的人经常发火已成为一种习惯，所以仅让他自己改正往往并不能持久，必须找一个监督员。一旦露出发怒的迹象，监督员应立即以各种方式加以暗示、阻止。监督员可以请自己最亲近的人来做。这种方法对下决心制怒但又不能自控的人来说尤为适合。

3. 宗教著作中的制怒法

一些文化水平较高、脾气又特别大的人读点佛学书籍将有所助益。

佛学著作对培养人的平和、宽容、慈悲的胸怀有一定的帮助。“戒、定、慧”三学，其“戒”便是要人们戒断凡尘的邪念。确实，常人好多的怒气来自贪欲与私心，邻里间的争吵、马路上的争吵无非为了一点小利，或受了一点小损害。若能宽宏大度一些，怒气自然就小了。

“定”则是佛学中的“制怒术”。佛学的“定”要求人心不为外物所动，最高境界是“古井无波、空明澄彻”。定力修炼中较常用的方法是“禅定气功”，通过放松、入静、沉思、了悟来修炼定力的深浅。道教修炼术中也有“定观法”。此处的“定”是指心定，要求修道之人外事皆绝，无以忤心，然后静坐内观，灭除妄念，不灭慧心。如此长久修炼，自然得道，而得道之人终年常乐，自然没有愤怒了。当然，我们常人不可能像和尚、道士那样整天修炼，但是如果能用一颗淡泊的心对待世上的功名利禄，就不会为一点小的得失而大发雷霆。

“慧”通俗地讲便是心理学上的认知方法。我们知道，“戒”是对欲望的强力禁止，而“定”则要求主观自然地对外物不动于心。我们发现人是很难做到这两条的，只有石头可以说最符合“戒”

"定"原则，佛教并不是要把人炼成石头，因为佛学中更重要的是"慧"。我们前面介绍的认识评定法就是"慧"。所谓"慧"，是指通过自己的学习来提高对世界的认识，当你认识到发怒是毫无道理的时候，"慧"就起作用了。

二、教师心理素质的培养

所谓素质，是指每个人生来所具有的生理特征，主要指神经系统、感觉器官和运动器官的特征，其中脑的特征尤为重要。这一概念界定是指狭义的生理基本素质，它与广义的素质概念并不完全相同，广义的素质还包括通过后天学习、培养和训练所获得的其他素质。

心理素质是人的整体素质的组成部分，是先天因素与后天因素的"合金"。简单地说，心理素质是以生理素质为基础，在实践活动中通过主体与客体的相互作用而逐步发展和形成的心理潜能、能量、特点、品质与行为的综合。

没有良好的心理素质，再出色的表达能力也得不到充分的展示，再敏捷的思维也会语无伦次。因此，有志从事教师职业的人，首先要训练好自己的心理素质，要有强大的心理承受能力，要有一种对于讲台的归属感。

马斯洛认为良好的心理素质表现在以下几个方面。

（1）具有充分的适应力。

（2）能充分地了解自己，并对自己的能力做出适度的评价。

（3）生活的目标切合实际。

（4）不脱离现实环境。

（5）能保持人格的完整与和谐。

（6）善于从经验中学习。

（7）能保持良好的人际关系。

（8）能适度地发泄情绪和控制情绪。

（9）在不违背集体利益的前提下，能有限度地发挥个性。

（10）在不违背社会规范的前提下，能恰当地满足个人的基本需求。

教师良好的心理素质除了先天因素外，还要注重后天的培养。

1. 意志的培养

意志，指决定达到某种目的而产生的心理状态，常以语言或行动表现出来。

意志是人自觉地确定目的，并根据目的来支配、调节自己的行动，克服各种困难，从而实现目的的心理过程。

意志是一个人心理素质的基础和关键，它体现在人的沉着力和自制力方面。沉着力和自制力既有先天遗传的因素，也有后天环境、生活、社会等着力培养的因素。因而，教师要多接触与教学活动相关的事物，逐步提高自己适应环境的能力，不断克服不良情绪的干扰，与此同时，加强自身的修养，培养从事教育事业所必备的情操，增强自信心并不断积累教学经验。

2. 教学欲望的培养

教学欲望首先来自兴趣。从古至今，许多科学家、艺术家对自己所从事的事业有着强烈的兴趣，以致产生了深厚的情感。这种情感当初是从兴趣开始的，但兴趣还只是低层次的要求和需要，对于教师而言，兴趣是基础，在此基础上产生强烈的教学欲望和表现欲望，才会促使其热爱这一事业，并产生真挚的情感，从而执着地去追求其中的真谛。

教师在上课前，需要从精神上、身体上、心理上以及发声器官上做好准备，在上课前要自我激发教学欲望，并对教学情绪进行培养。虽然这只是上课前的准备阶段，时间很短，但它需要平时的反复练习和着力培养，需要平时的不断学习和逐步积累，还需要有广博的知识和丰富的经验等诸多方面的综合积累。对于教学欲望的培养和形成，兴趣和爱好是基础，正确、科学的技巧训练和技能表现是关键，稳定的心理素质和锐意进取的能力是其成功的重要保障。

3. 教学环境的培养

所谓教学环境的培养，主要指通过平时的注意和训练，使其习惯于在各种环境和场合中进行教学的能力。凡优秀教师的才能，都是在反复不断地进行教学实践中逐步锻炼和培养起来的。教师需要通过实践不断地调节自身的心理状态，消除对教学有影响的各种心理因素的干扰，实现自我的追求和表现。这一过程又直接为其教学表现欲望的形成提供了有力的保证。随着实践经验的日积月累，教学技巧与用声技巧的不断提高，教师对自己的成功将充满信心。

4. 激情与控制力的培养

这里所说的激情，是教师对教学的激情，教师要用激情与灵感对课程内容进行重新诠释。这种热情与创造来自教师强烈的创造意识，它能使教师对课程内容重新赋予新的生命和更为丰富的内涵，使学生获得新的感受，使课堂收到意想不到的效果。但对教师来说，对创造热情与创造意识应具有一定的控制能力，这就需要教师具有良好的教学心理状态，即在教学中收放自如的能力与控制情感的能力。它要求教师一方面能以自己的热情激起学生的情感，另一方面又能调动、控制这种创造的热情，使之不至于变成无法控制的创造激情而冲垮理智的堤岸。

5. 自我肯定

教师要不断地否定和肯定自己才能进步，而否定的最终目的是为了向肯定的方向发展。自我肯定，保持坚定的信念，往往是事业成功的关键。

6. 抛弃自卑

自卑的人通常具有三个特征：一是缺乏成功的体验；二是缺乏客观公正的评估。要抛弃自卑，首先要战胜自我，为自己树立一个目标，要有坚强的信念，相信自己的能力，同时要对自己有科学、合理、客观公正的评估。

三、教师心理素质训练技法

教师是一种需要在众人面前讲话的职业，这就要求任何一位教师都要具备良好的心理素质。很多教师，特别是年轻的教师，在台下试讲效果很好，但一站在讲台上，就会不自觉地紧张，出现声音发颤、语无伦次等不自然的现象。造成这种情况的原因有多种，但最主要的还是心理素质较弱。

事实上，大凡不善于在众人面前讲话的人，诸多原因中，最主要、最根本的原因就是难以克服心理上的障碍，缺乏临场的心理训练。为了解决心理素质不稳定的问题，下面介绍一套简单易行的训练方法。

第一步：站立不语练习——练心

练习者可互为听众轮流上场，也可让朋友、同学、同事、家人做自己的听众。练习者站在高于听众之处，目视听众而不开口。此时，练习者心理要进入讲话的感受之中，进行心理体验。

这一步练“心”不练“口”，每次站立5～10分钟，由于不用开口讲话，会减轻练习者的心理负担。对于这一步的练习要到练习者不觉得紧张，能坦然地面对众人的注视为止。

第二步：随便说话练习——练口

练习者适应了人前站立之后，在众人面前站立时已经基本没有心理障碍了，这时可进入说话训练。进行说话练习时，无论是在内容上还是在形式上，都不要给予任何规定和限制。练习者要随心所欲，讲自己最熟悉的话。这时的练习者虽然在心理上已初步适应，但还缺乏开口讲话的适应性锻炼，大脑混沌一片，所以这一步练习要达到的主要目的就是要求练习者能开口讲话，至于他讲的是什么，那是下一步训练要做的。

这一步是在练“心”的基础上练“口”，说话时间以3～5分钟为宜。练习者和听众可现场交流对话，轮流演练，直到练习者可在人前流利自如地讲话为止。

第三步：命题讲课练习——表达练习

在前两步训练的基础上，练习者即可进入命题讲课练习。练习者和观众之间要反复交流，推敲练习者的有声语言、态势语言。

此步练习以观众听不出练习者是在背讲稿、是在“演”为目的，要求练习者达到能够真实自如、从容不迫地讲自己的心里话。

第四步：即兴讲课练习——全面练习

练习者的临场心理素质和讲话能力都有了一定的提高后，便可进行较高层次的即兴讲课练习。练习者以抽签来确定讲课的内容，抽签后，有5～10分钟打腹稿的时间。

此时，练习者的思维处于高速运转状态，这对提高练习者的快速谋篇、遣词、炼句是很有帮助的。由于此时练习者的心理处在“排练”的气氛中，所以对“失败”并不十分惧怕，相反，他敢于充分地表现自己，将在正式讲课时难以全面发挥的内在潜力发挥出来——而这，无疑可以反过来促进他在正式讲课中潜力的发挥。

以上四步练习法侧重于实践。初学者如果再辅以一定的理论指导，科学地辨明心理的生理基础，同时对心理活动与注意力、记忆力、情绪情感、思维想象、行为动机、能力技能、个性意志、气质性格等之间的关系有较为清晰的认识，心理训练的效果就会更为显著。

总之，教师心理是来源于客观存在在教师大脑中的反应，但又作用于教师的行为。在教学中，心理调控起着很大的作用，作为一名教师，应该意识到心理活动在教学中的重要性，适时地应用各种调节心理因素的手段，激发教学的激情，自觉地保持高涨的情绪进行教学，从而达到理想的教学效果。教师应该运用科学的方法正确认识和对待客观事物，不断提高自己的心理素质以正确指导自己的实践行为。教学技巧的日益提高会使人充满自信，精神饱满。反过来，自信和轻松的心理状态又有助于教学技巧和嗓音的良好发挥，使教学达到更好的效果。

第六章

教师 K 歌秘籍

唱歌是有节奏的体内按摩，是特殊的心理疗法，是一项全身的健身运动。唱歌可以放松身心，增加肺活量，增加肺泡通气量，提高呼吸功能。教师在工作之余唱歌放松一下，不仅可以活跃文化生活，有利于身心健康，而且对教育教学工作也可以起到巨大的促进作用。教师唱歌是很有意义的一件事情。

K歌如今十分普及，卡拉OK给人们自娱带来了极大的方便。

唱歌是有节奏的体内按摩，是特殊的心理疗法，是一项全身的健身运动。唱歌可以放松身心、增加肺活量、增加肺泡通气量、提高呼吸功能。

工作之余唱歌放松一下，不仅可以活跃教师的文化生活，有利于其身心健康，而且对教育教学工作也可以起到巨大的促进作用。因此，教师唱歌是很有意义的一件事情。

有的人唱歌好听，有的人唱歌不好听，甚至刺耳，让人难以接受，不得不捂上耳朵。有的人声音很不错，可是唱出的歌却不好听；有的人声音不怎么样，可歌声却很迷人。这是为什么呢？

作者在深圳卫视演唱歌曲

一、K歌困惑

教师在K歌时遇到的困惑主要有以下几个方面。

(1) 高音唱不上去。

(2) 音唱不准。

(3) 节奏、节拍不准。

(4) 歌声不动听，甚至刺耳。

（5）所唱歌词合不上音乐节拍。

（6）所唱歌词跟不上音乐速度。

（7）所唱歌词跟不上音乐节奏。

（8）没有颤音。

（9）没有假声。

（10）不会用麦。

（11）不会用气。

（12）有的教师很喜欢唱歌，但经常会在唱歌时嗓音嘶哑，甚至失声，经常因为嗓音问题影响唱歌情绪。

（13）有的教师虽然声音很好听，但歌声听起来并不美。

（14）有的教师音准、节拍、节奏、声音都不错，可就是歌声不能够打动人。

二、总体原则

歌声如何才能悦耳、动听、迷人呢？是不是一定要受过正规的训练才能唱好卡拉 OK 呢？回答是否定的。只要把握好以下几点 K 歌时的总体原则，你就可以唱出悦耳动听、充满魅力的歌声。

（1）首先要熟悉你所要唱的歌曲，包括歌词和旋律。歌词要基本背熟，旋律要准确无误。也就是说，要先学会这首歌曲。

（2）前奏音乐一响，人就要进入状态，心里跟着音乐一起唱。这样就可以提前掌握这首歌曲的音高及速度，不至于在开口时找不着调、跟不上速度。

（3）唱歌时，什么时候开口要以伴奏音乐为准，而不能以字幕为准。因为制作卡拉 OK 音像的人也不一定熟悉这首歌曲，打出的字幕有时会出现误差。

（4）唱歌过程中要以音乐为中心，而不能以自我为中心，要感觉到好像是你在给音乐伴奏“伴唱”，而不是音乐在为你伴奏，是你在跟随音乐，而不是音乐在跟随你。因为卡拉 OK 伴奏音乐都是机械的，它不可能随人的情绪变化速度。掌握伴奏音乐的速度主要是聆听鼓点和低音。

（5）唱歌过程中，声音一般不要太大，不要离话筒太近。这是因为，第一，这样很容易“喷麦”；第二，卡拉 OK 的音响一般都很好，唱歌时声音太大会让别人的耳朵受不了；第三，声音太大会影响自己听伴奏音乐，以致走音或节奏不稳，出现声音和伴奏脱节的情况。

（6）唱歌过程中一定要用自己的耳朵仔细聆听，不仅要听自己的歌声，还要听伴奏，更要听二者混合出来的效果，根据听到的效果随时调整自己的歌声和话筒距离，以使歌声与伴奏平衡、协调。

（7）话筒与嘴巴的距离要根据不同的声音和情感适时调整。一般情况下，轻声、假声、倾诉时离话筒近些，高音、大声、宣泄时离话筒远些。但也不完全这样，比如，假声音量大的时候，也要离话筒远些，要具体情况具体分析。

（8）能够做到以上七点就可以使你的卡拉 OK 水平提高到一个新的高度。如果想达到尽善尽美，那就需要学会“气息支持”，并深刻理解歌曲的内容，把握好歌曲的情绪、意境等，然后通过声音、表情、动作、神态等表演因素把它淋漓尽致地表达出来，也就是要“用心唱歌”。

只要掌握了以上八点，你就可以在卡拉 OK 厅里歌声迷人，赢得赞誉，甚至在卡拉 OK 大赛中获奖。

但是，要完全做好以上八点其实是不容易的，因为有些技巧和能力是必须经过训练才能掌握的。大凡优秀歌手，他们的声音里都有一种能够吸引普通人音乐兴趣的特质，这种特质不一定是“完美”的嗓音，但它一定具有“人情味”；也许它有瑕疵，但它一定有磁性；它一方面是天生的，一方面也是可以经过长期训练获得的。想上大舞台的教师，都必须练就这种特质。

三、发声方法

不正确的发声方法是导致教师 K 歌时出现多种问题的主要原因，如高音上不去、没有颤音、没有假声、不会用气等，这些问题一般是由声音没有“气息支持”造成的。唱歌时音偏低、嗓音嘶哑、失声等大多也是因为这个原因。嗓音不圆润，基本上也是由声音没有“气息支持”和共鸣不好造成的。

大多数教师因为没有接受过科学的嗓音训练，未能掌握正确的发声方法，导致各发声器官在发声时出现不平衡、不协调的动作。如唱歌时不注意呼吸支持，不会借助气息协调声带的运动，没有合理运用共鸣等，而只是习惯性地用挤、压、卡、撑等方法发出喉音过重的声音，使气息、声带、共鸣不能正常地工作，导致声音没有穿透力。因此，让教师接受一定的声乐训练，学会科学的发声方法，是十分必要的。

在进行发声训练时，有几个问题要注意。

首先，科学的发声方法是声音训练的基础，放松是在训练中首先要解决的问题，而喉咙的放松则是最为关键的问题，僵硬的喉咙既发不出优美的声音也容易使声带疲劳。其次，要进行气息的训练，只有正确地控制气息才能使声音圆润流畅。再次，使用共鸣腔体，即发音位置的训练。共鸣指发声时由于气息冲击声带振动而发出的声音，同时引起了人体内其他各共鸣腔体产生共振的现象。

教师在 K 歌时如果能够运用这些科学的发声方法，将会节省自身的嗓音资源，防止声带疲劳并由此延长嗓音的使用寿命，也会由于声音质量的进步而达到更好的歌唱效果。

具体发声方法的训练请读者参看前文中“人类发声原理”和“教师应建立科学发声方法”部分的内容，此处不再赘述。

作者在保利剧院演唱《过雪山草地》

四、准确读谱

不会读谱势必导致很多"硬伤"产生。比如，音唱不准、节奏唱不对、歌声合不上伴奏等问题。谱读不准的话，想把旋律唱准确，想让歌声和伴奏音乐配合得天衣无缝，是不可能的事情，因为你根本无法判断自己唱得准不准。所以说，教师要想唱好歌，就必须学会准确读谱。

1. 认识简谱唱名

音乐中所使用的有固定音高的乐音的总和叫乐音体系。乐音体系中的各音叫音级。乐音体系中的音级都有各自的名称，即音名。

以C，D，E，F，G，A，B这7个字母独立命名的音级叫基本音级。钢琴上的52个白键重复用以上7个音名，就是说52个白键都是基本音级。这7个音名，我们把它唱成do，re，mi，fa，sol，la，si，叫唱名，简谱中用"1，2，3，4，5，6，7"分别表示。（如下图）

简谱	1	2	3	4	5	6	7
	↑	↑	↑	↑	↑	↑	↑
唱名	do	re	mi	fa	sol	la	si
	↓	↓	↓	↓	↓	↓	↓
音名	C	D	E	F	G	A	B

在乐音体系中，音名是固定不变的，而唱名是不固定的。

2. 建立音高概念

在乐音体系中，音高的最小计量单位叫作半音。两个半音相加叫作全音。在钢琴上，包括白键和黑键，相邻两个琴键都构成半音。隔开一个琴键的两个琴键都构成全音。左边的音低，右边的音高，从左到右按半音排列。

两个音之间的音高关系叫音程，单位是度。音程中所包含全音和半音的数目叫音数。

音的高低由发音体每秒钟振动的次数（频率）决定。振动次数多，音则高；振动次数少，音则低。

基本音级中，相邻的两个基本音级除 3—4 和 7—i 之间为半音外，其他相邻的两个基本音级都是全音。

国际标准音 A=440Hz，就是 C 调的“6”音是标准音，每秒钟震动 440 次。

基本音级的音高关系如下图：

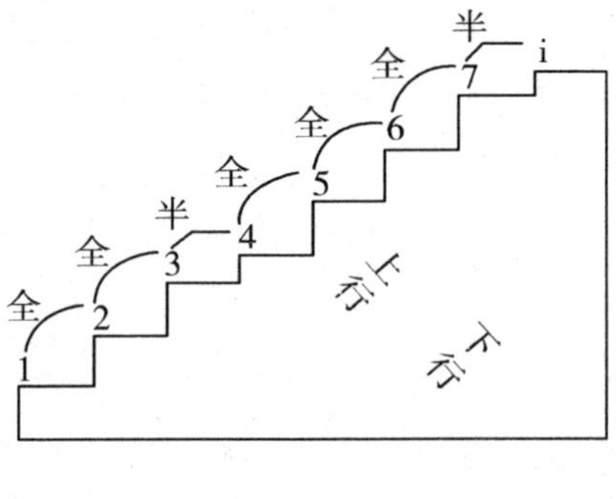

柯尔文手势图如下：

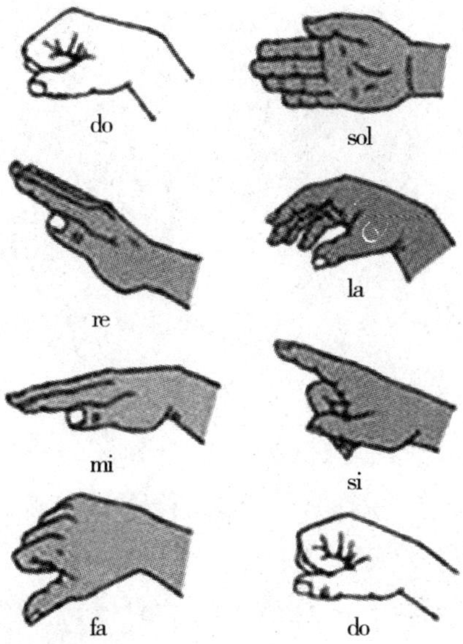

3. 掌握音的时值

（1）音的时值就是音的长短，由发音体振动延续的时间长短决定。延续时间长，音则长；延续时间短，音则短。

音符时值，也称为音符值或音值，在乐谱中用来表达各音符之间的相对持续时间。下表是各种音符的名称、写法和时值对应表格。

音符名称	写法	时值
全音符	5 — — —	四拍
二分音符	5 —	二拍
四分音符	5	一拍
八分音符	$\underline{5}$	半拍
十六分音符	$\underline{\underline{5}}$	四分之一拍
三十二分音符	$\underline{\underline{\underline{5}}}$	八分之一拍

一个全音符等于两个二分音符，等于四个四分音符，等于八个八分音符，等于十六个十六分音符，等于三十二个三十二分音符。这只是音符时值的比例。

现将简谱中常用的各种音符及其长短关系表示如下。

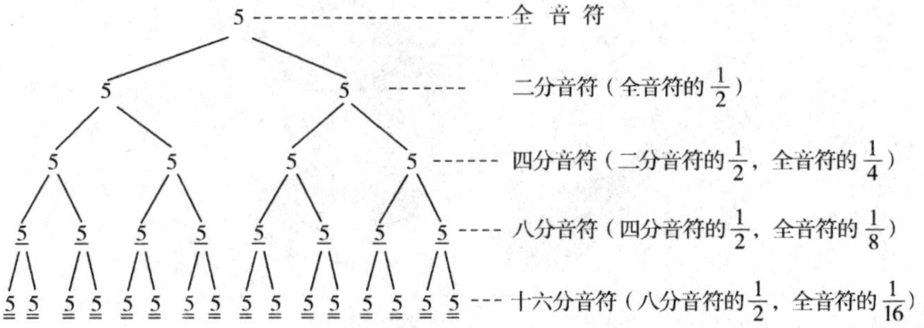

（2）用以记录不同长短的音的间断的符号叫作休止符。休止符时值的比例关系是，每个较长的休止符和它最近的较短的休止符之间的比例关系是2∶1。例如，全休止符等于两个二分休止符、一个二分休止符等于两个四分休止符等。休止符用“0”来代替，每增加一个“0”，表示增加一个四分休止符的时值，“0”越多，停顿的时间越长。在休止符下方加记不同数目的减时线，停顿的时间就按比例缩短。常用休止符的写法、休止时值如下表。

全休止符	二分休止符	四分休止符	八分休止符	十六分休止符	三十二分休止符
0 0 0 0	0　0	0	0	0	0

（3）附点音符和附点休止符就是在音符或休止符右下角加标一个小圆点，它表示这个音符或休止符需延长原来时值的一半。音符或休止符右下角有两个小圆点叫复附点音符或复附点休止符，第二个附点表示再延长第一个附点时值的一半。

（4）节奏是指组织起来的音的长短关系。在音乐作品中，具有典型意义的节奏叫节奏型。下面是几种常见的节奏型。

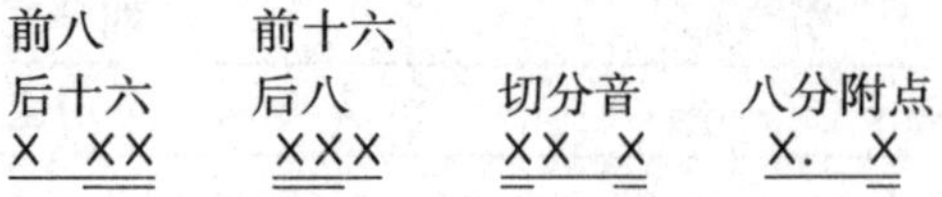

4. 学会各种拍子的划拍方法

节拍是指时值相等的强拍和弱拍有规律地交替出现。表示节拍的单位叫“拍”，将“拍”按照一定强弱规律组织起来叫“拍子”。常用的拍子有二拍子、三拍子、四拍子、六拍子。

常见拍子指挥手势及强弱规律示意图

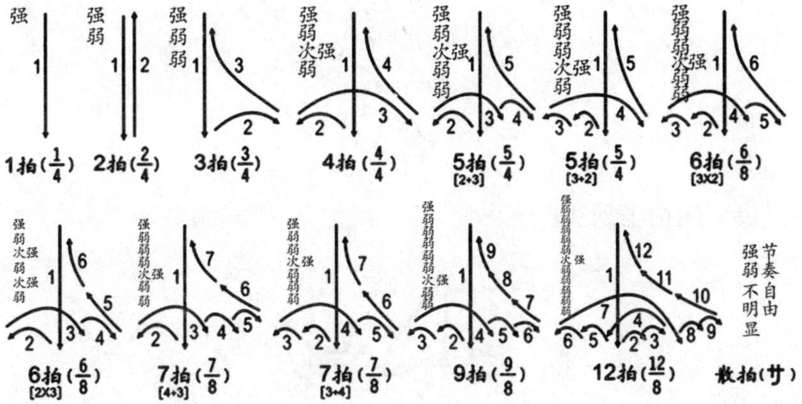

每小节包含一个强拍的拍子，叫作单拍子。每小节包含两个或两个以上强拍的拍子，叫作复拍子。下面是各种常见拍子的强弱规律对应表格。

拍类		音符	强弱规律	拍号	读法
单拍子	一拍	5	●	1/4	四一拍
	二拍	5- 5-	●○	2/2	二二拍
		5 5	●○	2/4	四二拍
	三拍	5 5 5	●○○	3/4	四三拍
		5 5 5	●○○	3/8	八三拍
复拍子	四拍	5 5 5 5	●○◐○	4/4	四四拍
	六拍	555 555	●○○◐○○	6/8	八六拍

（1）二拍子划法。

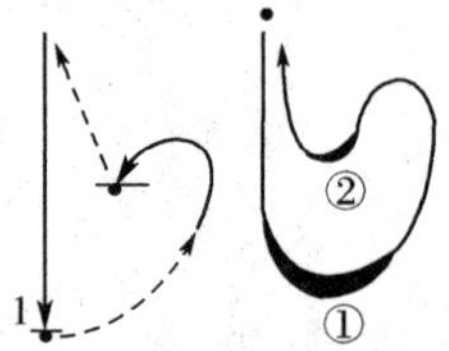

（2）三拍子划法。

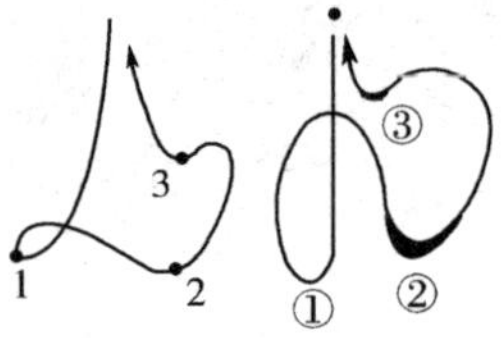

（3）四拍子划法。

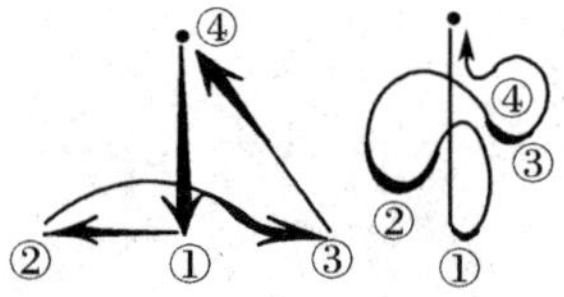

（4）六拍子划法。

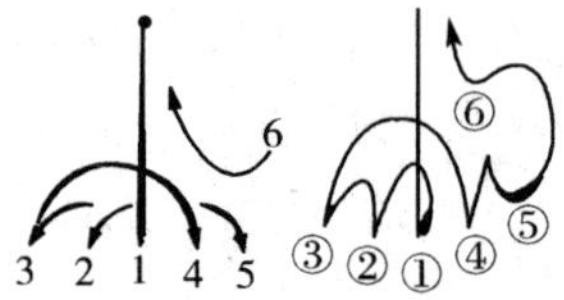

五、视唱练耳

视唱，就是拿到一份乐谱看谱即唱的技能，一般分为简谱视唱和五线谱视唱两种，通常我们主要学习的是简谱视唱。视唱，我们需熟练掌握各种调号、拍号，区别不同音之间音高的不同，以及不同音符所代表的长短时值，认识各种升、降记号，判断各种调式与调性等，要求达到音准、节奏准、有表现力地完整唱出来。

视唱还包括对音乐表情的阐述。除音准、节奏之外，还有一项不可缺少的因素——音乐表情，即对作品的处理方法。通常我们主要通过对歌曲曲谱的学习来提高视唱能力。

练耳是对听觉的训练，通常是对钢琴上弹奏出来的音进行听辨，以此训练学生靠听觉分辨单音、音程、和弦、节奏，并把听到的音或曲调用简谱准确记录下来，以及能够听辨和弦，分析和弦的性质、功能，相应地构唱音程与和弦等能力。听觉训练还包括对音色的辨别能力。各种乐器都有不同的音色，同一乐器也有不同的音色。乐队演奏的乐曲中还有各种乐器的混合音色。音色千变万化，均可以通过训练让学生分辨出来。

学习音乐，练耳是非常实用且必须掌握的基本技能。不管学声乐还是学器乐，它都是提高音乐素质不可或缺的技能。

练耳与视唱有密切联系，二者相互统一。

我们将视唱作为听音的基础，就是先通过视唱来熟悉音乐中的各种关系，包括对音程与和弦的构唱、节奏与旋律的视唱等，进而促进听音方面的提高。这是由表及里的学习方法。反之亦可，即先通过对各种音乐素材的熟悉，加深理解，从而达到促进视唱的要求。

练耳部分非常重要，可根据自己的需求来安排学习内容和时间。有的教师会觉得练耳很有意思，有的教师可能会觉得无聊。我们建议大家进行听音训练时，要根据自己的具体情况来决定训练内容。大部分都以单音的听辨和音程的构唱为主，而且都以基本音级为主。

第七章

教师美化嗓音的方法

每个教师天生都有一副悦耳、动听的嗓音，只是在日常生活中，多数教师逐渐养成了错误的发声习惯，造成了嗓音不优美的现象。“金嗓子”是锻造出来的。每个教师都可以拥有一副“金嗓子”，在不经过手术的情况下，教师通过一些美化嗓音的方法，可以使自己的嗓音发生“质”的变化。

嗓音能改变吗？能！在不经过手术的情况下，人的相貌无法改变，但是嗓音却可以发生“质”的变化。

千百年来，人们都认为“金嗓子”是天生的，今天我要明确地告诉大家：“金嗓子”是锻造出来的。每个人都可以拥有一副“金嗓子”，关键看你想不想拥有！

其实，每个人天生都有一副悦耳、动听的嗓音。只是在日常生活中，多数教师逐渐养成了错误的发声习惯，于是就造成了多数教师嗓音不优美的现象。下面就给大家介绍一些找回自己“金嗓子”的方法。

一、“张大嘴”练习

这个练习的全名叫作固定下巴张大嘴吐舌放松颌舌骨肌练习。

方法：用两只手固定下巴，两个大拇指把颌舌骨肌和二腹肌前腹顶上去，向上抬起上口盖，把嘴张到最大，让舌头自然“掉”出口来，然后再合上嘴巴。每天反复练习300～3000次。

做这个练习时要注意以下几点。

(1) 张嘴时，一定用抬头完成张口动作，绝不可同时上、下张开，一定要稳定下巴，只由抬头去完成张嘴动作。

(2) 张嘴时，下巴绝不可向前伸突。

(3) 张嘴时，上嘴唇一定要保持微笑状，要将上门齿露出来。

二、“气泡音”练习

每天早晨起床前先躺在床上做10分钟的气泡音练习，按摩一下声带。特别是在前一天用嗓过度的情况下，更要做这个练习。

方法：头部端正，双眼平视，张嘴松开牙关，用少量微弱均匀的气息平稳地从松弛的声带吹出，发出连贯的气泡音。发气泡音时，人的面部肌肉是放松的，略呈微笑状，放松喉部肌肉，喉头会自然下移，鼻咽腔开放，将舌头平放在口腔。在练习气泡音时，声带完全处于放松状态，并同时接受“气泡按摩”。这样做，不但能解除声带疲劳，还能医治一些常见的喉科疾病，如声带水肿、咽部发炎等。

三、“抖唇”练习

方法：双唇轻轻闭合，深吸一口气后以均匀、平衡的气息冲击嘴唇，使之颤动发出“嘟嘟”的声音。抖唇练习一定要结合胸腹式联合呼吸法，借助深呼吸的支持，用小腹收缩来压迫气息冲击双唇。呼气时自始至终保持气息均匀流动，并尽可能地延长抖唇时间。实践证明，抖唇法既是控制气息的关键练习，也是声带按摩练习，能帮助已疲劳的嗓音尽快恢复健康。

四、“嚼音”练习

方法：通过咀嚼的动作或边咀嚼边发声的训练，使过度紧张的肌肉放松，解除发声时喉外肌、喉内肌以及共鸣管中咽肌紧张过度的现象，促进它们的自然协调，包括闭口咀嚼、张口咀嚼、边咀嚼边发声等。在咀嚼练习过程中，开始可先发“哼”音，然后可数数字，亦可朗读发音，体会参与发声运动的各器官之间协调运动的良好感觉，这能治疗喉部各种嗓音疾患，对声带小结有较显著疗效。

五、“哼鸣”练习

哼鸣练习有闭口哼鸣练习和开口哼鸣练习两种。闭口哼鸣练习时要含一小口水，鼻腔竖起，借助深呼吸支持，将声音集中眉心。开口哼鸣口呈“ɑ”状，舌根抬起，如发汉语中的后鼻音“ng”，同样要求气息均匀有动感，使声音通过鼻窦、鼻腔、腭窦产生鼻腔共鸣，在鼻腔后上方，眉心处发出，每天可用一个单音延长练习，直到眉心产生振动。哼鸣练习是解放喉头找到声音高位置的有效方法，对声带也有一定的按摩作用。在日常讲话或朗诵时若使用得当，可使语调产生抑扬顿挫的效果。

六、“打哈欠叹气”练习

打哈欠可使喉部肌肉松弛，喉结下降，声带处于最佳发声状态，打哈欠伴随着叹气这一深呼吸动作，可以矫正高位呼吸和呼吸肌紧张。每次练习时要求先在思想上做好打哈欠叹气的准备，在打哈欠的同时顺其自然发出声音，体会口腔、咽腔和喉腔打开和喉部下降的感觉。喉头的自然下落给声音打开了通道，这时发出的声音通畅、悦耳。通过一段时间的强化训练，体会正确发音时的用气、发声、共鸣、吐字，久而久之，说话的气息支点定会下移，特别是在高声讲话时，一定会无意识地用上腹肌的力量，最后练得意想不到的好声音。

七、变调朗诵练习

变调朗诵就是用高低不同的音调来朗诵同一作品，其目的是解决声音出不来，音量小，声音憋、挤、闷及气息支持不住等问题。

例 1：

暮色苍茫看劲松，乱云飞渡仍从容。天生一个仙人洞，无限风光在险峰。

——《毛泽东：七绝　为李进同志题所摄庐山仙人洞照》

例 2：

青青园中葵，朝露待日晞。阳春布德泽，万物生光辉。常恐秋节至，焜黄华叶衰。百川东到海，何时复西归？少壮不努力，老大徒伤悲。

——《汉乐府：长歌行》

八、“胸口讲话”练习

想象把嘴放在胸口上说话。也就是说，意念上感觉嘴是长在胸口上的，用胸口说话，上面的嘴尽量不要帮忙，这样的练习可使嗓音变得富有磁性。

例：

午夜的收音机轻轻传来一首歌，那是你我都已熟悉的旋律，在你遗忘的时候，我依然还记得，明天你是否依然爱我。

九、“喊嗓”练习

用对着远处“喊人”的感觉进行喊嗓练习，就像跟一百米外的人说话。这样可以加强气息支持、扩展音域、统一声区，做到由低音到高音的无痕迹过渡。练习时间不宜过长。

例：

“你—来—呀……”

十、“张大嘴、舌头掉出口外发音”练习

要点：

（1）嘴张到最大。

（2）舌头全部伸出来，并放松，感觉像是掉出来的。

（3）面带微笑，吸足气。

（4）发“哎……”。

十一、“舌头的横沟变竖沟”练习

这个练习可以扩展音域，也可以使舌头更加灵活，有利于发音咬字。

练习步骤：

（1）首先使舌头成尖状，舌面放松，平伸出口外。

（2）将伸出的舌尖收回，抵住下牙根，使舌前四分之一处形成横沟。

（3）舌头的后三分之二向后退。此时，舌中间部凹下，两侧凸起，形成竖沟。

下巴保持放松做此练习，十秒内连续做十五次以上算合格。

十二、“甩舌头”练习

甩舌头练习就是张大口摇甩下巴、放松舌头。

练习要领：张大口抬高舌骨后部，尽量伸长舌头，以脖颈、脊椎骨部位为轴心，以下巴为前导，左、右摇甩。舌头放松，被动地左、右摇甩摆动。

第八章

教师应学习播音发声技巧

教师学习播音主持的语言发声技巧，不仅可以大大美化嗓音，而且对教育教学工作会起到巨大的推动作用。如果教师讲课的声音像播音主持一样悦耳动听，那学生坐在教室里听课，自然就会被教师优美的语言、动听的声音所吸引，教学效果自然也会大大提高。

教师学习播音主持的语言发声技巧，不仅可以大大美化嗓音，而且对教育教学工作会起到巨大的推动作用。可以想象一下，如果教师讲课的声音像播音主持一样悦耳动听，那学生坐在教室里听课将是多么享受的一件事情。学生自然会被教师优美的语言、动听的声音所吸引，教学效果自然会大大提高！

一、播音主持的总体发声感觉

播音主持发声源于生活中口语的发声，但绝不等同于生活中口语的发声，它们是生活当中口语发声的规范、提炼和升华。

好的播音主持发声具有这样的特点：准确规范，清晰流畅；圆润集中，朴实明朗；刚柔并济，虚实结合；色彩丰富，变化自如。

（1）准确规范，清晰流畅。播音员、主持人是广大群众的语音教师，发音必须规范，不能垒块、蹦字，要多读多练，让声音自然顺畅。

（2）圆润集中，朴实明朗。这是对声音色彩的基本要求，播音员、主持人的声音要润泽不干涩，吐字要玉润珠圆、声音不散、字音不瘪。

（3）刚柔并济，虚实结合。即发音吐字要有韧性、弹性，能刚能柔，有虚有实。由于性格、性别不同，男性发音偏刚健、女性发音偏柔美。

（4）色彩丰富，变化自如。人的感情不断变化，声音色彩是在对比变化中体现出来的，声音色彩表现越丰富、细致，就越有表现力。

播音员、主持人是以有声语言为表达手段的广播、电视新闻工作者，有声语言是播音员、主持人依据稿件、提纲或者腹稿传情达意，进行再创作并确立自身形象的主要手段。所以播音员、主持人应该客观地认识、评价自己的声音，注意锻炼自己的声音，并且要学会驾驭自己的声音，使之成为得心应口的创作手段。

发声是播音员、主持人的一项基本功，会直接影响节目的质量，而错误的用声方法甚至会影响其播音寿命。因此，我们应该以科学的理论为指导，勤于练习，扎实地掌握用声技巧。

播音发声由于声音的传递手段不同、语言的交流方式不同、播讲者的身份不同、受众的审美要求不同，和生活当中的口语以及其他艺术语言发声相比，播音发声具有自己的特点。

播音是新闻工作的一个组成部分，新闻的真实性、准确性要求播音员用声一般应该控制在自然音域内，中声区偏低的部分运用得比较多。

同时，播音的音色大方、明朗、干净，艺术夸张装饰的成分比较少，很少使用假声。而每一个人在发声的时候，由于声门状态的不同和对共鸣器官调节的不同又能够形成表达不同感情分量的千差万别的声音色彩。

播音发声对音量的要求是强度低，幅度小，层次多，播音发声面对话筒运用电声设备，话筒和嘴的距离只有 30 厘米左右，同时录音、增音与发射设备都有音量调节定位器，所以我们不要着意地提高自己的音量，这也是播音发声的一大优点和特点。

语音是在大脑统一支配下，各发声器官协调运动发出的。人体的发声器官包括动力器官、振动器官、共鸣器官和咬字器官。动力器官主要是肺，由肺呼出的气息是发声的动力；振动器官主要是喉头内的声带，它是声源；共鸣器官包括喉腔、咽腔、口腔、鼻腔以及胸腔、头腔等，可以使声带发出的微弱的声音得到扩大和美化；咬字器官包括舌、唇、齿及齿龈、硬腭、软腭等，这些器官的运动对喉部发出的声音和肺呼出的气流加以节制，从而形成音素和音节。

播音员、主持人发音吐字的综合感觉应该是这样的：声音像一条弹性的带子，下端从小腹拉出垂直向上，到口腔、咽腔，沿上腭中缝线前行受口腔的节制形成字音，字音好像被吸住而挂在硬腭的前部再由上门齿处弹出流动向前。

那么，怎样取得这种总体的发声感觉呢？大致上可以概括为下面几句话：气息下沉，喉部放松；不僵不挤，声音贯通；字音轻弹，如珠如流；气随情动，声随情走。

前两句讲的是发音，第三句讲的是吐字，第四句讲的是声音的弹性及情、声、气的关系。

二、发音技法训练

（一）气息训练

气息是人体发声的动力和基础。播音员在播音时，呼出气息的速度、流量、压力的大小与声音的高低、强弱、长短以及共鸣的运用情况都有直接关系。气流的变化关系到声音的响亮度、清晰度以及音色的优美圆润度、嗓音的持久性及情绪的饱满充沛度，也就是说，只有在呼吸得到控制的基础上才能有声音的控制。因此，要控制声音，驾驭语言，就必须学会控制气息。

所谓控制气息，就是要学会胸腹联合呼吸法。在生活中，人们的本能呼吸是浅呼吸，即只做胸部呼吸。播音时，用这种本能的呼吸方法发音，时间一长，声带就会疲乏，声音就会嘶哑。而胸腹联合呼吸法，是要深呼吸，将空气吸入肺叶底部——横膈膜处，即一般人系腰带的地方。它一般采用鼻子吸气，吸入横膈膜的气使肋骨自然向外扩张，腹部有发胀的感觉。然后随着小腹的逐渐收缩，气息从小腹深处涌上来，推动声带发音。采用这种方式发出的声音不仅洪亮、有力，而且持久，能保持整句话的声音都饱满圆润。与此相反，如果一吐气横膈膜就塌瘪，那么，气息就会像破了的皮球一样迅速泄气，声音就会失去气息的支持，从而导致头几个字有气息支持，后面的字没有气息支持，讲起话来给人前强后弱、上气不接下气的感觉，呼吸本身很费力，声音难以持久。下面介绍几种气息训练的方法。

1. 软口盖练习法

最常见的是“闭口打哈欠”，即打哈欠时故意不张开嘴，而是强制用鼻吸气、呼气。

2. 压腹数数法

平躺在床上，在腹部压上一摞书，吸足一口气，开始数数。这是对气息输出做强制训练，以达到增强腹肌和横膈膜的控气力度的目的。做这个练习时，开始阶段压的书可以少些，逐渐增加，即循序渐进。为了不占用工作时间，可利用睡前做这个练习。

3. 气声数数法

先吸足一口气，屏息数秒，然后用均匀的、低微的、带有气息的声音开始数数，就像是说悄悄话一样。和压腹数数法一样，在开始阶段可数得少一点儿。不过应注意，数数时尽量不撒气、不漏气。

4. 跑步背诗法

平时跑步出现轻微气喘时，可背一首短小的古诗。开始训练时可两人配合进行，并肩小跑，一句接一句地背下去。背诵时，要尽量控制喘息声。一首诗背完后，要调节呼吸，然后再继续进行。需要注意的是，剧烈运动时不可进行此项训练。

5. 偷气换气法

选一篇或一段长句较多的文章，用较快的速度读下去；在气息不足时，运用“偷气”技巧，读后确定最佳换气处。所谓“偷气”，是指不要边发声边吸气，而是要用极快的速度，在不为人觉察时吸入部分气流。换气，宜口鼻并用，以鼻为主，掌握时间差，使气流充沛有力。

6. 吹灰尘法

轻轻吹去桌面上的尘土，要气息均匀、舒缓地呼出。

气乃情所致。日常生活语言当中，气息控制的枢纽是情感的运动。气息的表现方式是由心理状态来决定的，所以对所要讲的话题要进行深入的理解、认真的准备，要有明确鲜明的态度，产生强烈的播讲愿望，使情感运动起来，有感而发。如果没有情感的运动，那么呼吸的控制必定单调、呆板，势必会影响声音色彩的变化，使声音失去弹性。利用情感调节呼吸的运动是播音发声呼吸控制的最基本的原则，也是呼吸控制的高级阶段。在训练过程中，需要通过较为长期的、有意识的训练，熟练掌握“胸腹联合式呼吸法”的要领，如此才能够达到控制自如的境地，才能使气息随着情感的运动而运动，即所谓的“以情运气”。

（二）共鸣训练

用气推声的发音方法虽然可以省力，但要发出抑扬顿挫、铿锵有力、响亮悠远的声音，还必须在用气推声的基础上，学会共鸣的发声方法。生理学家告诉我们，声带产生的音量只占讲话音量的5％，其他95％的音量则要通过胸腔、口腔、头腔、鼻腔等所组成的共鸣器放大产生。

人声道的主要共鸣器官有口腔、胸腔和头腔。这三个共鸣器官的作用各不相同：口腔共鸣能使声音结实清晰，胸腔共鸣能使声音浑厚洪亮，头腔共鸣能使声音高亢明亮。但是，在没有经过正确的训练的情况下，一般人存在许多共鸣发音的弊病。

白声：共鸣位置过分靠前，口腔没充分打开，好像只用嘴皮子说话，因而声带发出的声音形不成共鸣。

音包字：音位靠后，喉头张开得太大，结果声音很响，但声母不清。这种弊病俗称喉音过重。

鼻音太重：由于软腭下垂，舌根抬起，阻挡了咽喉与口腔的通道，导致声音大部分从鼻腔里出来。

这些弊病可以通过训练得以纠正。下面介绍几种简单而实用的共鸣训练方法。

1. 口腔共鸣训练法

采用张口练习法。可用惊吓张口、半打哈欠张口、吞咽食物张口等方式来练习口腔张口，在用气推声之前吸气的同时打开口腔立即发音，经过多次反复练习，可获得口腔共鸣的发音效果。

2. 胸腔共鸣训练法

最简单的方法是发音之前先做好闭口打哈欠的准备，在用气推声的同时，胸腔打开，像雄鹰展翅的感觉；或者做扩胸动作，体会胸腔打开。多次反复练习就能获得胸腔共鸣的效果。

3. 头腔共鸣训练法

最简单的方法是练习“凝目远视”。也就是在用气推声之前，先凝目远视并提小舌头，同时用气推声。这会产生两种效果：一是使头腔共鸣器官——鼻窦、额窦、蝶窦等器官张开，一是软腭提起，打开咽腔。多次反复练习，即可获得头腔共鸣效果。

在分别做过三个共鸣器的共鸣训练之后，还须将三种共鸣训练方法融为一体，即在前三种方法的基础上，做到从肚脐到口腔保持气息的畅通无阻，头腔、口腔、胸腔一齐打开，再用气推声，这样，就能获得“混合共鸣”的效果。这时候的声音听起来就会响亮达远。

需要指出的是，共鸣方法虽有良好的效果，但在具体运用时，还应根据播音或主持时的具体内容、感情需要，在混合共鸣的基础上有意识地加强其中一种共鸣的成分，以使播音或主持更符合情境。一般来说，表现热情要加强头腔共鸣，表现沉痛要加强胸腔共鸣，一般叙述要加强口腔共鸣。

（三）语调训练

语调是语言表达中的第二大要素，是语言表达的第二张“王牌”。语调即说话的腔调，是一句话中语音高低、轻重的配置。语调的作用是巨大的，每个句子都有语调，恰当地运用语调，能有效地润色语言，使语言表达更加清晰、明确，增强语言的表现力。因此，学会运用语调，对于提高语言表达能力是十分重要的。在讲解语调训练方法之前，必须弄清楚语调本身的一些特点。

形成语调的因素是多方面的，但起决定作用的是思想内容和感情态度。一般情况下，人的思想内容和感情态度有一种基本状态，并不会出现大的起伏，也就是说，语调的变化是在基本语调的基础上进行的。通常情况下，基本语调是在中音区进行的，那些表现高昂、激越、紧张、热烈、愤怒、仇恨等情绪的语调是在高音区进行的，而那种表现低沉、悲哀、凄凉、沉痛等情绪的语调一般是在较低音区进行的。

以上关于语调的划分比较粗略。事实上，语调起伏变化万千，很难找到完全相同的形式。为了便于练习，我们可以把语调归纳为以下几类。

（1）升调。情绪亢奋，语流运行状态由低向高，句尾音强而向上扬起。它一般用于提出问题、感到意外、情绪惊恐、中途顿歇、全句未完、发布命令、进行号召等语句中。

（2）降调。情绪稳定，语流运行状态由高向低，句尾音弱而下降。它一般用于陈述句、肯定句、感叹句、祈使句等。

（3）平调。情绪沉稳，语流运行状态基本平直，句尾和句首几乎在同一高度。它一般用于庄重严肃、踌躇迟疑、冷漠淡然、思索回忆等句子中。

（4）曲调。情绪激动或情感复杂，语流运行呈起伏曲折状态，或由高而低再扬起，或由低而高再降下，或起伏更大，它多用于语意双关、言外有意、幽默含蓄、讽刺嘲笑、意外惊奇、用意夸张等语句中。

在此基础之上，我们再来谈谈语调的训练。一般的语调训练包括以下内容。

1. 把握重音

重音也叫重读。在口语表达中，它有强调重点、突出情感的作用。语句中的词语在语意上并不是完全并列、同等重要的，它们有主次之分、轻重之别。表达者有意对哪些重要的词语或音节加以强调和处理，哪些词语或音节就是重音。

把握重音的关键是找到重音的确切位置，这就需要明确讲话的重点，弄清话语主旨，真正把握每句话的表意重点——表意的重点词语往往就是重音的位置。同一句话，随着重音位置的移动，表意的重点也会发生变化。比如，“今天我来这儿讲课”这句话，重音不同，语意就不同。

今天我来这儿讲课。（明天不来）

今天我来这儿讲课。（不是别人来）

今天我来这儿讲课。（明天在别处讲）

今天我来这儿讲课。（不是来聊天）

由此可见，重音的位置对语意有重要影响，正确使用重音是准确表情达意的关键。

2. 巧设停顿

停顿在口语表达中通常有两个作用。其一，停顿起着标点符号的作用，它作为话语中换气的间隙，既是上句话的结束，又是下句话的前奏，以此加强语言的清晰度和表现力。其二，停顿能使口语表达抑扬顿挫，它以间歇的长短、一定时间单位内次数的多少形成讲话的节奏，给人以韵律美。

和重音一样，停顿的位置不同，语意往往也不同。比如，“她了解我不了解”这句话在不同的停顿之下会有不同的意义。

她/了解我不了解？（问是否了解自己）

她了解/我不了解。（承认自己不了解）

她了解/我不了解？（不承认自己不了解）

她了解我/不了解？（想证实她不了解）

她了解我不/了解？（不相信别人了解）

她了解我不/了解。（明白别人了解）

所以，应根据传情表意的需要合理设置停顿。巧设停顿可造成言外之意和弦外之音，让人觉得“此时无声胜有声”。训练有素的播音员或主持人往往善于利用语句的停顿，让听众去思索、回味和期待，以获得理想的语言效果。

但凡事都有两面，以停顿的一个常用技巧“停连”为例。停连是指表达中声音的中断和延续。有断有连，能扣人心弦；当断不断，会语序纷乱；该连不连，会语意难全。所以，停顿切不可随意为之，以免造成不必要的麻烦。

3. 善用语调

语调分为升调、降调、平调和曲调 4 种。和重音、停顿一样，同一语句由于高低、升降的不同，可以表达多种多样的感情和意义。因此，在发音训练中，应有意识地结合 4 种语调的不同特点进行训练，以使自己的发音具备更强的表现力。

（四）节奏训练

口头语言的节奏，是指因思想感情的起伏而激起的音势强弱、语速快慢的变化。对语言节奏的处理，既是播音员、主持人感情的表露，也是播音员、主持人思想水平和涵养的表现。实践证明，语言的节奏同说话的思想感情是一致的。随着说话时思想感情所呈现出来的不同状态，语言的节奏也会不断变化，显现出不同的特点，有的轻快，有的凝重，有的高亢，有的低沉，有的急促，有的舒缓。

而人们在表达欢乐、兴奋、惊惧、愤怒、激动的思想感情时，语言的节奏一般较快；在表达忧郁、悲伤、痛苦、失望的思想感情，或心情沉静、回忆往事等心理活动时，语言的节奏一般较慢。一个优秀的播音员、主持人能结合思想感情的不同状态，说出语言的不同节奏。

为了更好地进行语言节奏的训练，以下对语言节奏的类型做简单介绍。

（1）轻快型。语调多扬抑，语音多轻少重，语句多连少停，语流轻快活泼。如孙犁的《荷花淀》中水生与媳妇们嬉戏的一段，就属于这种类型。

（2）凝重型。语调多抑少扬，语音多重少轻，语句多停少连，语流平稳凝重。如朱自清的散文《背影》就属于这种类型。

（3）低沉型。语调压抑，语音沉痛，停顿多而长，音色偏暗，语流沉缓。如柯岩的《一月的哀思》就属于这种类型。

（4）高亢型。语调高扬，语音响亮，语句连贯，语流畅达。如茅盾的《白杨礼赞》、闻一多的《最后一次演讲》都属于这种类型。

（5）舒缓型。语调多扬，语音多轻，气息畅达，声音清亮轻柔，语流舒展。如峻青的《秋色赋》就是这种类型。

（6）紧张型。语调多扬少抑，语音多重少轻，语气强而短促，语流速度较快。如山东快书《武松打虎》一段就属于这种类型。

事实上，语言节奏训练的方法也蕴含其中。要掌握语言节奏，首先就要掌握台词的基本节奏，然后再根据台词内容调整节奏，使节奏同内容和谐一致，以便更好地表达思想感情。

三、吐字归音的基本要求及技巧

吐字归音的基本要求及技巧简单来说就是咬字头—吐字腹—收字尾。

首先是打开口腔，播音发声比生活语言口腔开度要大，打开口腔要有提起上腭的感觉，同时下腭要放松，上腭的提起和下腭的放松可以适当地加大口腔容积，为字音的拉开立起创造条件，同时丰富口腔共鸣。这个状态是通过提起颧肌、打开牙关、挺起软腭、放松下巴来实现的。

生活当中，有的人说话很清晰，有的人说话却很含糊，有的人则是一半清晰，一半含糊。说话含糊主要是因为吐字归音存在问题。

我们说的“吐字”，其实是一种很形象的说法，“话”，像是嘴里含了什么东西；“说话”，就是把它“吐”出来，不是给大家看，而是给大家听，所以一定要清晰。一般人应该如此，作为在很大程度上承担着普通话推广任务的播音员、主持人更应如此。

(一) 基本要求

“字正腔圆”作为播音吐字归音的最高境界，一直是许多播音员、主持人不懈追求的目标之一。如何做到这一点呢？具体来说，播音吐字归音的基本要求可以概括为四点，即准确规范、清晰集中、圆润饱满、流畅自如。

1. 准确规范

播音吐字归音应准确规范，这是首要的，也是最起码的要求。这是因为我国的语言传播工作还承担着向全民推广普通话的重要责任。要做到准确规范，就要按照普通话的标准发音，每个音的发音部位、发音方法都要准确无误。在这个基础上，还要努力提高发音质量，改正不易被察觉的细小的发音问题。可以说，播音吐字归音所要求的准确规范比一般人所理解的要更为严格和精细。

2. 清晰集中

字音清晰是播音吐字归音的又一要求。清晰的播音吐字归音具有良好的穿透力。吐字清晰是以发音准确为基础的，但准确并不能代替清晰。清晰的吐字归音建立在一系列行之有效的发音技巧之上，而不是提高音调或加大音量所能有效的。发音集中可提高字音的清晰度，这也是积极的发声状态的反映。同时，声音集中便于话筒吸收，能提高发声效率。在使用小音量或播讲环境较为开阔、嘈杂的情况下，发音集中的重要性显得尤为突出。

3. 圆润饱满

吐字归音既要准确清晰，又要圆润饱满，前者关系到“字正”，后者关系到“腔圆”。圆润饱满，就是要有比较丰富的泛音共鸣，使字音悦耳动听。这是对吐字归音的审美要求。我国传统说唱中的所谓“吐字如珠”，就是对吐字归音圆润饱满的形象描绘。当然，“吐字如珠”也好，“珠圆玉润”也好，都是形容字音优美动听的，但必须注意的是，圆润是以字音准确、清晰为前提的，不可为追求声音优美而损害了字音，即不能因为追求“形”而丢了“神”。

4. 流畅自如

字音只有进入语流才能传情达意。播音吐字归音必须灵活自如、轻快流畅，才有助于表达。如果字音咬得过死，一字一板，不仅雕琢痕迹明显，听起来不自然，还会使语流滞涩，影响语言表达的顺畅。日常生活当中的说话有起伏变化，播音吐字归音也要遵循生活语言的规律：疏密相间，错落有致，该强则强，当弱则弱。这样，语言才能像水一样流动起来——水的声音听起来总是悦耳的。

吐字流畅自如与吐字准确、清晰、圆润看似矛盾，其实是相互统一的。准确、清晰、圆润是就整体而言的，它们构成了播音吐字归音的基本特点。但是作为“说”的语言艺术，播音需要使语言尽可能自然流畅，贴近生活。如果每个字都保持同一发音方式，都要达到同一标准，那么，播音语言就会成为一种脱离生活的“字话”。为了避免沦为“字话”，就需要强调吐字的变化，要根据表达需要“活用”，克服由于片面认识造成的刻板、僵化的吐字方式。

（二）基本技巧

播音吐字归音有多种技巧，熟练掌握了往往会有事半功倍的效果。实践证明，一个合格的播音员、主持人得掌握以下吐字技巧。

1. 字头有力，叼住弹出

从语音角度看，字头包括声母和韵头。韵头和声母结合得十分紧密，直接影响声母发音时的唇形。韵头是声母到主要元音（字腹）之间的过渡性成分，因此要注意“四呼”（即开口呼、齐齿呼、合口呼、撮口呼）韵母对声母的影响，发音时要做到声母加韵头一步到位。

字头发音又称“出字”，一般要求成阻有力，除阻轻捷。出字要做到：咬住弹出，部位准确；气息饱满，结实有力；短暂敏捷，干净利落；定型标准，准确自然。

所谓“叼住”，是指声母的成阻部位既要准确，又要使肌肉保持一定的紧张度，以形成有力的阻气、蓄气。叼字的力量应集中在唇舌的纵中部，而不能满口用力。

所谓“弹出”，是指声母除阻要轻捷，具有弹动感，不粘不滞，不拖泥带水，不使拙劲儿。

就像“叼”字本身所体现的那样，“叼”要用巧劲儿，不能过松或者过紧。叼住了，才能弹发有力，并带动整个音节，使之响亮、清晰。如果叼字无力，气息会大量流失，影响字头和整个音节的力度。但如果叼字过死，会使发音显得笨拙。

需要注意的是，我们在字头发音时强调“叼”的感觉，并不能把吐字简单地理解为喷吐，过分向外用力。只有“叼”才能和取气、共鸣很好地结合在一起。照搬说唱艺术的“喷口”，容易造成字散、声塌、气竭等问题。

2. 字腹饱满，拉开立起

字腹在整个音节中明显突出，一方面，它作为音节中的主要元音，开口度最大，因而比较响亮；另一方面，它的发音较完整，持续时间较长，给人的听感显著。一个音节的发音能否达到珠圆玉润，与字腹有着密切关系。

“字腹饱满”是指音节中的主要元音发音清晰、共鸣充分，字音随着口腔的由闭到开好像“立”了起来，因而又称“立字”。立字的过程实际上就是在一个音节里突出字腹的过程。

立字要做到：拉开立起，气息均匀；音长音响，圆润饱满；窄韵宽发，宽韵窄发；前音后发，后音前发；圆音扁发，扁音圆发。

“拉开”指字头弹出后迅速打开口腔，使气流在口腔内形成较丰富的泛音共鸣。口腔开度要大，应有竖着展开的感觉。

“立起”指主要元音的发音要占据足够的时间，以使其响亮、圆润，在听感上形成字音立起来的饱满感。结合声束向硬腭前部的流动冲击，有字音“挂”于上腭的感觉。

值得注意的是，字腹的发音是在滑动中完成的，即使是单韵母，其发音动作也要在本音位范围内做轻微移动，不可僵死不变，复韵母的滑动感更为明显。有人以为字腹发音要保持一种固定的状态，这是不对的。此外，字腹的发音不可横咧，那样口腔就难以打开，字音就会发扁；字腹的发音也不可过分拉长，那样会造成拖腔唱调。

3. 字尾归音，趋向鲜明

字尾处于音节的末端，是发音过程中力度逐渐放松、气息逐渐减弱、口逐渐闭合、声音逐渐停止的阶段，如果归音不到位，会影响字音的完整性。与出字、立字相比，归音的难度更大一些。

“字尾归音”是指字尾部分应发音完整，不能虎头蛇尾，只顾字头、字腹，不顾字尾。归音要做到：尾音轻短，完整自如；避免生硬，突然收住；归音到位，送气到家；干净利落，趋向鲜明。

“趋向鲜明”是指唇舌动作要到位。如韵尾 i，舌位应抬到一定高度；韵尾 u，唇型应收圆；韵尾 n，舌尖要收到上齿龈，并阻住口腔通道，鼻音一出立即收声；韵尾 ng，舌根应收到软、硬腭交界处，并阻住口腔通道，鼻音一出立即收声。另外，“趋向鲜明”还要求声音弱收。所谓“弱收”，是指字尾发音时唇舌力量渐弱，声音简短，点到为止，不像音素单发时那么紧、那么长。对于开尾音节收音时的喉关闭动作，也应注意渐弱收止。

字尾发音容易出现两种情况：一种是不归音，这是由于吐字时只注意了声音的响亮，没有注意音节的完整，忽略了气息和声音处于衰落阶段的字尾，而造成的“半截字”。另一种是把字尾收得过紧、过强，违反了发音的生理规律，听起来僵硬呆板，势必影响吐字的流畅及语言的节奏。这两种情况都是实际播音吐字归音中需要注意的。

4. 吐字归音的整体处理——“枣核形”

总的来说，出字、立字、归音是吐字归音的三个阶段，它们是不可分割的整体，任何一部分运用得不恰当都会影响整个字音。发音的过程是从字头通过字腹滑向字尾，虽然说是滑动，但是每个部分还必须交代清楚，就像枣核的形状一样，两头尖，中间大，字头和字尾占据了枣核的两端，而中间的突出部分就是字腹的饱满形态。从发音时口腔开度的变化来看，正好是由闭到开再到闭的过程，两头小，中间大；从时值来看，又是两头短，中间长。

“枣核形”是一个有机整体，它是在咬字器官各部分不断滑动的过程中形成的，并非由字头跳到字腹再跳到字尾。因此，整个字音要有滑动感、整体感。要达到这一点，最主要的是要有气息的支撑。吐字时，嘴里要蓄满气，才能使字音结实、有光泽。否则，字音是不会饱满圆润的。因此，“字头取气”十分关键。

“枣核形”既是吐字归音的一种规格，又体现了清晰集中、圆润饱满的审美要求。它作为吐字技巧训练，对于发音的规格化是必要的。但是在语言表达中，“枣核形”应有所变化，这样才有助于思想感情的传达。如果“枣核形”一成不变，字字如出一辙，必然会削弱语言的表现力，破坏语言的节奏感，以致影响到内容的表达。

吐字归音和其他发音技巧一样，都是为表达思想感情服务的，在形成语流的过程中，应该服从声音的感情色彩，服从语流的舒展、流畅情况。

吐字归音的练习，出字我们可以多读一些按照不同声母组成的绕口令，立字我们可以按照开口呼、齐齿呼、合口呼、撮口呼分类读一些诗或者词，归音我们可以按照十三辙分类读一些诗词，综合起来我们也可以找一些散文或者其他体裁的短文来进行朗读训练。

练习时，我们一定要坚持以字带声、以字传情，这是我国艺术发声传统训练方法中的训练原则，它是合乎科学道理的。用现在生理学的知识来分析，发声活动虽然十分复杂，但是主要有两个方面的作用在主导：一个是神经系统的主导作用，另一个是人类所特有的语言生理机智的作用。以字带声就是要通过语言生理机智的作用，用言语来带动发声、气息和共鸣的活动；以字传情，就是通过传情来训练神经系统对发声的全面主导作用。

四、呼吸技巧

人们常用“气乃声之本”来形容气息与声音的关系，这表明呼吸在发音过程中起着提供动力的作用。呼吸状态好，气息流畅，说话的效果自然会好；若呼吸状态不好，气息不流畅，则会造成许多发音和用声上的问题。因此，掌握适当的呼吸知识和呼吸技巧，对播音员、主持人的口才会很有帮助。

（一）电视播音对呼吸的要求

电视播音具有可视性，观众要么可以直接看到说话的播音员或主持人，要么可以看到与话语有联系的画面。

在电视新闻播音中，多采用组织严密、简练明确的新闻语言，语句结构较为复杂，句子也往往较长。它要求播音员吐字清晰，并有饱满的气息支持连贯的发音。这就需要播音员有较强的呼吸能力，以提供较强的气息量和较长的呼气时间。另外，电视新闻播音员要吐字清晰，声音起伏不大，这就要求其呼气稳定，气流忽大忽小会使发音飘忽不定。归纳起来，电视播音员和主持人应当在呼吸方面具有这样一些能力。

（1）呼吸气流量较大，有较大肺活量。

（2）有较强呼吸控制能力，呼气稳定，持续时间长。

（3）能够在播音和主持中灵活运用不同的呼吸方式。

对电视播音员和主持人来说，会参与许多更接近生活的节目，如采用接近口语的讲述方式主持一些交谈类节目。在这类节目中，语言感情色彩变化很丰富，播讲方式也较为随意，这就要求电视播音员和主持人的语言要能够灵活变化，随之而来的是呼吸方式的多样化和呼吸的灵活性。

（二）三种呼吸方式

人的呼吸有腹式呼吸、胸式呼吸与胸腹联合式呼吸 3 种基本方式，它们各有特点。掌握它们的特点，特别是胸腹联合式呼吸的特点，对播音主持很有帮助。

1. 腹式呼吸

腹式呼吸是以膈肌活动带动肺部扩张或收缩，形成吸气和呼气动作的呼吸方式。

腹式呼吸是人的自然呼吸方式，膈肌的活动是不受大脑意识支配的自律性运动，人在出生之后就具有这种呼吸能力。我们在生活语言状态发音时使用这种呼吸方式。这种呼吸方式基本上处于自然状态，它在呼吸过程中缺少控制，发音时间不长，气流也不够稳定，但这种呼吸方式使得气息放松，声音自然，感情色彩较为丰富。另外，由于膈肌有较大的活动余地，因此，腹式呼吸可以有较大的气息变化幅度。

有人认为腹式呼吸吸气量小，在播音中没有使用价值，这种认识是不全面的。在生活语言中，由于话语较短，气息需求量小，呼吸深度不大，使用腹式呼吸时会有较大的呼吸潜力未被使用。腹式呼吸放松、自然，且呼吸可有较大范围的变化，因此在语句简短的讲述类节目中经常用到。当然，播音时若使用腹式呼吸，呼吸的气息量要比日常口语大。

2. 胸式呼吸

胸式呼吸是以胸廓扩张或收缩带动肺部扩张或收缩形成吸气和呼气的呼吸方式。在人体中，除了横膈活动带动肺扩张外，肺还可以在胸廓的作用下横向扩张。胸廓是指由肋骨和附在上面的肌肉组织构成的桶状结构，它环绕着胸腔。肋骨构成胸廓的框架，附着在肋骨之间的肋间肌肉可以通过不同的收缩方式改变肋骨的位置，使胸径扩张或收缩，以此带动肺向四周扩张或收缩，这种呼吸方式被称为胸式呼吸。

胸式呼吸气息量较小。一般情况下，胸式呼吸是腹式呼吸的补充。正常呼吸时，如果横膈下降没有受到阻碍，应该是先进行腹式呼吸。当横膈下降到一定程度，下降阻力变大时，如果还需要进一步吸气，这时，作为对腹式呼吸的补充，胸廓的扩张才能明显。

正常情况下，人的呼吸以腹式呼吸为主，胸式呼吸往往不会单独出现。单独出现胸式呼吸常常预示着横膈下降严重受阻，这种状态往往是非正常的。对于电视播音员和主持人，造成以胸式呼吸为主这种非正常呼吸状态的最常见原因是心理紧张。紧张会使身体的各部分肌肉处于绷紧状态，腹部肌肉的紧张收缩会使腹腔压力增大，造成横膈下降困难。这种情况下，胸廓作用明显加强，会形成以胸式呼吸为主的呼吸状态。消除心理紧张，使身体处于放松状态是避免胸式呼吸的主要方法。除了心理紧张，进食过饱、吸气时收腹过度、不正确的身体姿势等也会造成以胸式呼吸为主的呼吸状态。

胸式呼吸还会出现在某些强烈的情绪状态中，当人处于兴奋、恐惧、惊喜等状态时，身体的肌肉组织会呈现紧张状态，这时，横膈下降也会受到阻碍。在表现这些情绪色彩时，可以有意识地运用胸式呼吸，以丰富语言的感情表现力。

3. 胸腹联合式呼吸

胸腹联合式呼吸是横膈升降与胸廓扩张、收缩相结合的呼吸方式。这种呼吸方式在日常生活中并不被经常使用，对许多人来说，这种呼吸方式需要经过训练才能有意识地使用。胸腹联合式呼吸可以满足播音气息量大、进气快和发音时间长的需要，是电视播音员和主持人应当掌握的基本呼吸技巧。

胸腹联合式呼吸是腹式呼吸和胸式呼吸相结合的呼吸方式。这种结合并不是简单地相加，吸气时，它利用腹式呼吸吸气量大和胸式呼吸的补气作用，尽可能加大吸气量；呼气时，则利用适当的控制手段，保持呼气的均匀，增加发音时间。

胸腹联合式呼吸可分为吸气和呼气两个阶段。

（1）吸气阶段

吸气时，口、鼻同时进气，这样可以提高吸气速度。当发音速度较快时，用于换气的时间常常很短暂，在这种情况下，应尽量缩短吸气的时间，以保持语句的连贯。

吸气过程可采用两种方式。一种吸气方式是当吸气时间比较充裕时，可采用先腹式、后胸式的吸气方式，运用这种吸气方式，腹部处于相对松弛的状态，先利用横膈下降吸入气息，待小腹有膨胀感后，再利用胸廓的扩张进一步吸入气息，这时，两肋有张开的感觉。我们在深吸气闻花香时常使用这种吸气方式。另一种吸气方式是在吸气时小腹适当收缩，保持腹部有略微向上的压力，然后横膈下降，吸入气息。由于横膈下降时遇到阻力，胸廓会采取扩大胸径的方式吸入气息加以补偿。于是，腹式呼吸和胸式呼吸同时动作。这种吸气方式如果控制得当，可以在很短时间内吸入较多的气息，较为急促的呼吸状态常使用这种吸气方式。

这两种吸气方式可称为"顺序吸气法"和"同时吸气法"。在需要较大气息量，但语言状态较为放松时，我们可以使用"顺序吸气法"；在需要较大气息量，语言状态较为紧张、急促时，我们可以使用"同时吸气法"。这两种吸气方法可以根据需要灵活使用。播音时使用的胸腹联合式呼吸，吸气时腹部肌肉应保持略微收缩，并非完全放松，腹部适当收缩可为呼气发音做准备。

（2）呼气阶段

胸腹联合式呼吸的呼气阶段是整个呼吸过程的关键。为了保持较长的呼气时间和提供稳定的气流，呼气时通常采用肌肉力量对抗的方式控制气流的呼出，而不采用单纯膈肌放松回弹的方式控制气流的呼出。

在人的身体中，常常用两组作用力相反的肌肉控制某一器官的运动，当我们在做微小的精细动作时，两种作用相反的肌肉可以同时产生作用力，利用两种力的力量差控制运动量，使器官做精细的运动。呼气时，可以利用放松膈肌，使横膈回弹的方式产生气流。但这种呼气方式产生的气息不稳定，缺少力度，用于发音时不易控制，声音会先大后小。

此外，还可以采用肌肉力量对抗的方式控制呼气。在吸气阶段就让腹部肌肉略微收缩，做好呼气准备。这种收缩力量要很小，收缩力量过大会影响膈肌下降和气息下沉，造成吸气量减少。进入呼气阶段时，腹肌收缩力量加大，产生向上的挤压力，与此同时，吸气时膈肌收缩下降的力量并未消除，于是，促使膈肌向上和向下的力量形成对抗，当腹部向上挤压的力量大于膈肌收缩下降的力量时，膈肌回升，气流呼出。需要气息量大的时候，可以通过加大腹肌力量，增大腹腔对胸腔的压力来实现或通过减小膈肌收缩力量，提高膈肌上升力度来实现。需要气息量小的时候，可以用加大膈肌下压力量或减小腹肌上压力量的方式降低膈肌上升力度。当语句之中停顿，不需要气流时，我们可以用膈肌下压和腹肌上压力量相等的方式使呼气保持静止状态，以节省气流。也可以利用肋骨之间肋间肌的力量对抗来控制胸廓的扩张和收缩。当然，由于胸廓的呼吸作用有限，这种控制远不如横膈那样明显。

借助呼气肌肉和吸气肌肉的力量对抗产生的压力差控制呼气过程，可以获得稳定的气息，延长呼气时间，这对播音十分有利。这种呼气方式是播音呼吸的重要方法，为电视播音员和主持人提高发音质量打下了坚实的基础。

胸腹联合式呼吸依靠肌肉力量对抗完成呼吸过程，因此需要较长时间的体能锻炼，肌肉组织具有一定力量才能显示出效果。需要注意的是，在使用这种呼吸方式时，如果控制过度，反而会造成气息僵死，那样的话，语言的表现力不仅得不到增强，反而会被削弱。

（三）常用的换气方式

换气是指在发音过程中，当气息不能满足发音需要时，在句子之间或句子之中补充气息的过程。常见的换气方式有利用句子之间的较大停顿进行的正常换气，在句子中间利用短暂顿挫快速换气的偷气，以及利用吸气声作为表达手段的抢气。发音中用来换气的地方称为气口。所谓“气口”，是指根据发音过程中语句内容连接的紧密程度和表达需要确定的用于换气的停顿点。这里不能简单地将气口等同于逗号或句号，有时气口之间会包含由几个短句构成的句群，有时在一句话中会有多个气口。

1. 正常换气

正常换气是指在一段话之后，利用语句之间的较大停顿从容补充气息。一篇稿件或一段话语不可能一口气说完，中间往往伴随着多次呼吸，利用话语之中的较大停顿进行换气是语言表达中最自然的换气方式。正常换气需要根据话语的长度、感情色彩及音量等因素确定合适的吸气量，一段话讲完，气息也正好需要补充，于是利用停顿补充气息，使语言表达与呼吸节奏相吻合，从而保持语言的生动、流畅。在语流之中换气是自然进行的，发音人会根据自己的经验，自动调整吸气量，并不需要有意识加以注意。

正常换气应注意吸气量适当，气息吸入过多不容易控制。另外，吸气之后不应屏气。这两种情况都会使声门闭合过紧，导致发音不自然。

2. 偷气

偷气是发音过程中一种无声地补充气息的方法。当句子过长或发音速度较快时，一般没有较大的停顿进行正常的换气，这时，人们常利用句子中词与词之间短暂的顿挫来补充气息，这种换气方式没有明显的停顿间隔作为标志，也没有明显的吸气声，不易被人们察觉。

偷气一般在气息将要用尽，后面话语不多的情况下使用。偷气的气口通常是在连接不太紧密、可以顿挫的词与词之间，这样不会影响语句的连贯，听者也不易察觉。偷气时，应在准备换气的词之后用较快速度从口、鼻同时吸入少量气息。偷气一般是为补充气息，供短时发音用，吸入的气息有限。为了防止出现吸气声，吸气时声门应适当开大。

3. 抢气

抢气是发音过程中一种带有吸气声的换气方式。当话语的节奏急促或感情色彩强烈时，气息消耗很快，往往需要在句与句之间或句子之中急速补充气息。急速吸气会使气流在通过声道时产生较强的气流摩擦声。这种夹杂在语流之中的气流声能够显露出说话人焦急、紧张、感慨等不同感情色彩，使表达更富于表现力。抢气不仅是一种换气或补气的方式，而且是一种感情表达手段，常用于感情色彩丰富、描写生动的语言中。

抢气时，吸气速度要快。由于不再需要顾及吸气声，声门不必开大。应尽量让抢气声成为语流的一个节拍，这可使语言听起来更自然。抢气时不要屏气，抢气的气流强度根据需要灵活使用。有时抢气出现在句头，这种句头抢气往往出于感情表达的需要，气息量较大；有时抢气出现在句中，这种抢气多带有补气的性质，气息量不大。

上面几种换气方式都是电视播音员和主持人经常使用的，为了熟练运用这些方法，初学者可以先用文稿作为练习材料，将文稿内容在原有标点符号的基础上重新分析，划分为呼吸段落，在需要换气的地方做上记号。抢气常与感情色彩相连，可随感情流露顺势而出，不必标记出来。当然，如果一时不习惯，可以用自己设计的符号把所有气口都标记出来。

（四）播音呼吸练习

对于电视播音员和主持人来说，播音呼吸不能仅仅停留在认识上，还应将其转化为用于语言表达的实际能力。初学者需要经过大量的练习才能完成这一转化过程。下面提供一些简单的呼吸练习供初学者使用。

1. 横膈弹动练习

许多播音初学者不了解横膈的位置，感觉不到横膈的活动。这个练习可以帮助初学者感觉横膈的弹动，同时可以锻炼膈肌力量。

步骤 1：直立，双手垂直于身体两侧，小腹肌肉略微收缩。

步骤 2：横膈下降，吸气至八成满。

步骤 3：小腹肌肉猛烈收缩，压迫横膈向上弹动，气流冲出，发

"hei" 音。

通过这个练习，初学者可以感觉到横膈的剧烈运动。

2. 胸腹联合式呼吸练习

通过这一练习，可以体会胸腹联合式呼吸。

步骤 1：双腿直立，两臂侧垂，贴近身体两侧。头部抬起，目光前视，全身放松，小腹前部微收，做好吸气准备。

步骤 2：口、鼻同时吸气，横膈逐渐下降，小腹有压力感。

步骤 3：继续吸气，腹部膨胀，同时胸廓开始扩张，上臂与胸部两侧逐渐贴近，表明胸径扩大。

步骤 4：在横膈仍保持适度收缩的同时，腹部逐渐加大收缩力度，使横膈匀速上升，胸廓也在肌肉对抗作用下回缩，气流均匀呼出，直至气息用尽。

练习时应当注意，小腹在做吸气准备时不应过分收缩，过分收缩会限制吸气量。

3. 扩大吸气量练习

增加肺活量是提高呼吸能力的基础。通过这一练习可逐渐增加肺活量。

步骤 1：按照胸腹联合式呼吸的要求，深吸一口气，将气息保持住。

步骤 2：用稳定的音量和适当的音高、音色数数，直至气息用尽。

步骤 3：重新吸气，重复上面的动作。

可每日连续练习多次，音量、音高、音色都可以变化。随着练习时间的增加，发音时间会逐渐延长，这表明肺活量在增加。

五、特殊用气技巧

特殊用气技巧是一种使言语更富有感情色彩的用气方法。正如说话时的技巧可有效地促进人际关系的发展一样，用气技巧的高低直接影响到思想情感准确生动的表达。气息用得好，对增加言语色彩的浓度、情感表达的深度都能起到促进作用。

用气技巧主要包括气音、抽气、喷口、托气、笑语、颤音、模拟等7种，以下分别说明。

1. 气音

气音是指渲染语言中感叹、赞叹、悲叹、惊叹、咏叹等有关“叹”的色彩的一种修饰用气。它可以增强紧张等特殊情境中的气氛。运用气音的方法是，吸气时放慢速度，加强深度，吐字时除实音外，可伴随一定的气音、虚音，将气很舒展地呼出。如朗诵下面这段话时可用气音，增强爱国情感。

革命正在胜利前进，红色根据地正在蓬勃发展。机会主义者却把革命的航船引入了歧路，人民的事业又面临着巨大的危险。

抗战八年，蒋介石躲在峨眉山，日本侵略者刚刚投降，这个卖国贼就疯狂地发动了全面内战。

我死了，化作老山上白云悠悠，死，也搂着祖国的山峰不肯放手！

2. 抽气

抽气是指渲染语言中骤然紧张的气氛，表现人物异常激动心情的一种修饰用气。运用抽气的方法是，吸气时有意识地吸出声来，要使听众有一种气息很重、很强的感觉。如——

不幸的人啊！你爱凡兰蒂（抽气）——爱那个该死家族的女儿！

这里运用抽气技巧，就是要充分体现基督山对那“该死的家族”的痛恨，显现他那如汹涌波涛似的激动心情。又如——

孔乙己便涨红了脸，额上的青筋条条绽出，争辩道，（抽气）“窃书不能算偷……（抽气）窃书！……（抽气）读书人的事，（抽气）能算偷么?”

这里几次使用抽气方法，可以将孔乙己的精神状态体现出来，同时表现出孔乙己因深受封建科举制度毒害，被摧残成了一个弱不禁风、气息虚浅的病鬼模样。

3. 喷口

喷口是指言语者无法控制自己激动的心情，而需要突然爆发的一种修饰用气。运用喷口的方法是，先将口腔里的气息蓄足，而后忽然很有力量地喷射而出。运用喷口技巧可大大加强语言的力度，强化感情色彩。如——

死去原知万事空，但悲∨不见九州同。

王师北定中原日，家祭无忘告乃翁。

诗中写出了陆游收复中原的壮志未酬。这里的停顿之后吸足气（∨吸气符号），然后有力地喷出“不见”二字，喷泻出诗人悲愤的感情。

4. 托气

托气是指在言语过程中，极力控制某种情感的一种修饰用气。运用托气的方法是，在吸气时，有意识地将气息控制住，然后慢慢用气息将言语托出。如——

部队集合了。妇女们打开竹篮，分赠着礼物。孩子们爬上大炮，把红叶插上炮口。小吉普也被无数的彩纸条和成串的花纸缠成了花束。阿妈妮们、孩子们、姑娘们，他们在做这些事情的时候，统统没有哭。昨天晚上，战士们告诉他们说不要哭。里（村）干部们也告诉说，为了不使志愿军难过，让他们（托气）不要哭。他们（托气）很听话，他们真的（托气）制止住了，在做这些事情的时候（托气）统统没有哭。

朗诵到后面就需要用托气技巧了，少吸气，控制住，以较均匀的不多的气息慢慢将后面的言语托出，音量不要大，略感有些憋气。这样就可以有效地渲染气氛，更好地体现出朝鲜人民以极大的力量控制着自己对志愿军的随时将要爆发的惜别之情。

5. 笑语

笑语是指带有弹动的一种特殊用气方法。运用笑语的方法是，口腔、喉、胸要放松，小腹、膈肌来弹动，气息直射打软腭，随之发出“哈”“哼”“嘿”等笑语，以表示快乐或讥讽、嘲笑、鄙视、蔑视等。如——

啊，1976年，万众欢呼的10月！爆竹声声相连，锣鼓阵阵相接……（带笑）不是国庆的国庆啊，不是过节的过节。

后两句用带笑的语调念出，有助于渲染欢乐的情绪。又如——

（笑）哈！这是何等可卑可笑！何等的不自量力！何等的枉费心机！

这里的笑语运用表达了蔑视、鄙视的感情，发“哈”时，应让人们听到对敌人犀利的嘲笑声。

6. 颤音

颤音是指带有颤抖的一种特殊用气方法。运用颤音的方法是，吸气有如在抖气，呼气同样要战栗，小腹软腭部位都痉挛，悲痛难忍心哭泣。这种用气的方法可表现异常激动，十分悲痛、委屈、难过等心情。这种颤抖声是在有真挚感受的基础上内在感情的真实流露。如——

过了一大会儿，我们才轻轻走近梁三喜的坟前，只见玉秀把头伏在坟上，周身战栗着，在无声地悲泣……

“小韩，你……（颤音）哭吧，哭出声来吧……”我呜咽着说，“那样，你会好受些……”

玉秀闻声缓缓从坟上爬起来：“指导员，没……（颤音）没啥，俺觉得在屋里闷……（颤音）闷得慌……”她抬起袖子擦了擦泪光莹莹的脸，“没啥。俺和婆婆快该回家了，俺……（颤音）俺想来坟上看看……”

第一次颤音，要表现指导员呜咽时的言语，要强化强忍着的激动情感，在叫出“小韩”后，在向里抽气时，腹肌与横膈膜紧张地颤动起来，发出有节奏、短促的颤音；然后呼气时与上相同，使呼气声也发出颤抖声。当气没有呼尽时，突然刹住，屏住不呼也不吸，稍停，然后用剩余气息发“你”，随即感到气息不够，再颤抖着吸气，说出："哭吧，哭出声来吧。"这种颤音是双方极力控制着自己万分悲痛的心情，每句话都是在饮泣中进行的。又如——

看看我们脚下这片土地吧！这才是我们自己（颤音）的土地！她给予我们的是太多太多，而我们给予她的却是太少太少（颤音）。她的贫乏是我的不是，你的不是，他的不是……当我们明白了这一点，我们就会扑倒在她的怀里，深情地喊一声"妈妈"（颤音），又怎（颤音）舍得离开她呢？

在播音或演讲中，若能注意其中几处颤音，就可更好地表达对祖国的热爱和内疚的强烈感情，加强感染力。

需要注意的是，在运用这种技巧时，既要注意情感的表达，也要注意言语的清晰度。不能只听到颤抖，而听不到声音。

7. 模拟

模拟，即仿效、模仿，就是以情带声地模仿各种音响和腔调。模拟可以启发听众的联想，提高效果，增强生动性，给听众以形象逼真的感觉。模拟要注意保持自己的音色，即声音的个性，还要注意在转述高声呼喊的话或一种动物可怕的叫喊声时，可用略带夸张的声音，传达出那种感觉。

如文艺广播中，模拟某人转述一位姑娘在敌人就要到来之际，紧急向全村报信的呼喊声——

哪里来这么大的力量，雷声也没这样响亮："来——了——，来——了——！"这声音响遍了全庄。

在读带有引号的部分的时候，可以有意识地"模拟"特殊人物的语音腔调。

六、择语训练

人脑是一座天生的潜力很大的记忆仓库，人们在大脑中有意无意地储存了大量的语言材料。但这些语言材料的"因子"（词或短语）非常活跃，在脑子里总是呈不规则的游移状态，结果常常出现这样的情形：当迫切要用到这些语言材料的“因子”时，它常常躲躲闪闪不“蹦”出来，或者即使“千呼万唤始出来”，却往往并不适用。这样，表达的速度和准确性就会受到很大的影响。

为了解决这种困境，有必要提倡快速择语训练。这种训练的主要目的，就是增强大脑对评议材料的驾驭控制能力。当然，它对词汇积累也有一定的好处。以下就介绍一些快速择语训练的方法。

1.“火车挂钩”

“火车挂钩”训练就是用游戏的吸引力，让大家在竞争的气氛中，触机即发，词随口出，培养择词的敏锐反应力。

方法：进行类似“拈连”修辞格的接词游戏。所谓“拈连”，就是按照某种规则将词一个一个地“拈”在一起。在进行游戏时，可将一同训练的众人分成若干小组，让大家一个接一个地“拈”，周而复始地进行。

(1) 首字拈

自以为是——自食其力——自顾不暇……

(2) 末字拈

前所未有——有始有终——忠心耿耿——耿耿于怀——怀恨在心——欣欣向荣……

(3) 首字数序拈

一步登天——二龙戏珠——三顾茅庐——四世同堂——五湖四海——六神无主——七窍生烟——八仙过海——九死一生——十恶不赦

(4) 首字成句拈

刻不容缓——苦尽甘来——学而不厌——习以为常——为富不仁——四海为家——化整为零

各词首字连在一起就成为一个句子：“刻苦学习为四化。”

提示两点：一是为了使训练顺利进行，谐音拈连也可放行，比如，题例中的“末字拈”里，“终”与“忠”相拈；二是参赛者可聘请一位“顾问”，脱“钩”时做提示，如仍“拈”不上，可要求“脱钩者”讲一则成语故事，以示惩罚。

2. 巧接话茬

实践表明，对别人的口语表达内容能做出超前预测的人，一般思维比较敏锐，择词速度比较快。将预测表达内容作为训练形式，能够以动触动，训练出富有适应性的敏捷择语反应力。这种训练方法主要有两种。

一种是主持人先讲两句“半截子话”，然后按序号每人迅速说一句与上句意思相承的话。要求简洁生动，接句中最好能嵌入一两个富有表现力的词或短语，因为在实际主持过程中，你所要做的是说出简短而精妙的话，以产生幽默或警醒的效果，而不是“牛头不对马嘴”，或离题万里。

另一种是主持人讲出一组排比句的前半截，每讲一句就让大家报出可以填入的适当的词（有时不止一个），最后形成并列句群。如——

金钱能买到伙伴，但买不到（友情）

金钱能买到纸笔，但买不到（文才）

金钱能买到权势，但买不到（威望）

金钱能买到服从，但买不到（忠诚）

金钱能买到躯壳，但买不到（灵魂）

金钱能买到谄媚，但买不到（崇敬）

3. 近义语描摹

近义语描摹训练培养的是用不同的词语或短语去描摹事物的同一状态的能力。在“短平快”的特定表达要求下进行此项训练，具有一定的择语难度，但可有效地催逼着自己去搜寻自己的词语“库存”，并多方摄取生活中或书本里丰富多彩的语汇。

方法：用相近或相类的词或短语，从各个不同的侧面或角度对某一特定事物做具体性描述，要做到言之有物、言之有情，给人如睹其物、身临其境之感。出示话题后，先让大家准备 1 分钟，然后按座次每人说 1～2 句话，共说同一事物，语意可以不连贯，但表述不得重复，要接得快，讲得生动、准确。一轮 10～15 人，讲完后将录音复放，并进行评议。比如，近义语描摹“冷”——

“北风打着刺耳的呼哨，冷气直钻衣领，彻骨的寒。”

“玉屑似的雪末洒在脸上，冰凉冰凉的。”

“屋檐上挂着一尺多长的冰锥，闪着寒光。”

“一脚踩上坚硬的冰凌，滑进雪坑，浑身打着寒战，像泡进了冰水里。”

经常这样训练，你的应对语言无疑会更富有表现力。

4. 对偶成趣

方法：主持人提出上句，要求在限定时间内接对，从易到难，由浅入深。单人对或多人抢对均可。如——

本——末

荣——辱

山河壮丽——岁月峥嵘

生姜老的辣——笋子嫩的甜

门对千竿竹——家藏万卷书

嘻嘻哈哈喝茶——叽叽咕咕谈心

柿子拣软的捏——山芋拣硬的烘

在词语较多、句子较长的情况下，这种训练和我国传统诗学教学中的“对对子”方法较为接近。作为择语训练，它要训练的是择词反应力，故不宜讲求工对，限制宜适当放宽。

七、记忆训练

在主持时，有讲稿的讲话毕竟是不多的，无讲稿的即兴讲话倒是常有。面对这种情况，怎么办？俗话说，机遇，只会垂青有准备的头脑。播音主持过程中必然会出现种种需要即兴发挥的或始料不及的情况，要想处理得当，最好的办法只有一个，那就是事先做好充分的准备工作。

所谓充分准备，主要是指对节目内容的熟悉。而熟悉，就不可避免地涉及记忆。记忆是大脑的一种功能，是经历过的事物在大脑中的反映和再现。人的大脑是一个空间巨大的仓库。人在无意的情况之下往往都能记住很多东西，更不用说有意识地记忆了。通过记忆，我们可以储存信息，把有准备的讲话材料和无准备的素材知识铭刻在脑子里。

这种记忆训练可分为两个层次。一个层次是有意识地将大脑中储存的有关知识组织起来，为自己所用。也就是说，应在平时有意识地记下大量至理名言、作家作品、科学术语、成语典故、寓言故事、史地常识、奇闻逸事等素材，它们构成了节目的素材、语言。另一个层次是记忆你精心设计的讲话结构。因为在具体播音主持过程中，除了即兴的情况外，还会有因节目过长或工作太多，无法将节目内容全部记下的情况，这就要求你记下贯穿讲话始终的那条线、那个纲。只有从内容到形式都记熟了，才能在没有稿子或抛开稿子主持时，说话也能如行云流水，滔滔不绝，又有条不紊，脉络分明。

因此，良好的主持口才是可以借助记忆得以实现的。以下介绍几种常用的记忆方法。

1. 诵读法

记忆台词时，可一遍一遍地念，大声地读，直至倒背如流，烂熟于胸。人们接受外界信息时，由于接收的感觉器官不同，记忆的保持率也不同。专家实验证明：在接受知识时，如果用眼耳结合的诵读法，三小时后，能保持 85%；三日后，仍可保持 65%。可见，诵读法能明显提高记忆效率。

2. 纲目法

如果台词较长，可从主题和结构入手，列出纲目，即首先抓住主题，然后围绕主题列出有逻辑联系的内容纲目，并用简明扼要的语言按顺序标出来，使之一目了然，以便进行提纲挈领的记忆。

3. 机械法

这主要是针对那些缺乏内在联系的事物，比如，记忆人名、地名、书名、日期、电话号码、门牌号码、数学公式等，除了靠简单重复和死记硬背等机械记忆方法外，几乎没有什么捷径。

当然，在机械记忆中，也并非全无捷径，可以自创一些办法，借以提高记忆的效果，如对照法、顺序法、抓特点法等，还可以运用谐音、押韵、会意等方法，减少记忆对象的信息量，灵活巧妙地进行记忆。

4. 口诀法

就是把本身互相联系很少的材料，根据其内容要点，编成整齐对称、偶句押韵、朗朗上口、便于记忆的语句，使之富于趣味性。这种口诀记忆方法应用广泛，许多农谚、节气谚语、珠算口诀、九九乘法表等都是采用此法。运用这种方法，可使人们快速、方便地记忆，又不易忘记。

5. 重复法

死记硬背虽然暂时有明显的效果，但实践证明，时间一长，遗忘就会发生，那些记忆痕迹会不断淡化或消失。为了有效地避免遗忘，可采用重复记忆法。从用脑的角度看，重复可加深在大脑皮层留下的痕迹。从实际效果看，重复不仅有修补、巩固记忆的作用，还可加深对知识的理解，并能逐渐达到知识的条理化、系统化。

总之，记忆的方法很多，主持人要提高语言表达能力，就要不断加强对记忆力的训练。而实践证明，良好的记忆能力除了能促进口才之外，还可有效地提升主持形象。比如，假如你是球迷，你就会发现，一个拙劣的解说员总是在说几号几号，而一个优秀的解说员总是可以在传球的一瞬间就知道那个号码的队员叫什么名字，他有哪些特点，取得过哪些成绩，等等。

“冰冻三尺，非一日之寒。”这种形象差别不是一天两天就产生的。

八、声音的弹性

什么是声音的弹性呢？声音的弹性是指声音对于人们变化着的思想感情的适应能力，简单地说，就是声音随感情变化而来的伸缩性、可变性。弹性这个词是一个物理学名词，在这里我们用在播音发声当中。人的思想感情总在不停地运动变化，这种思想感情的运动状态是播音创作的内在动力，它要求气息、声音随之而运动变化，以体现出它所感受到的一切，这实际就是播音表达的过程。播音表达要求富于弹性的声音，而我们对播音发声进行训练，就是为了获得声音的弹性。声音弹性的表现有以下几方面的特点。

一是表现为声音的可变性。离开了声音各方面的变化，就谈不上声音的弹性，其中最主要的是气息状态和声音色彩的变化。

二是声音的变化呈现出对比性。声音的弹性是在对比当中表现出来的，是相对的，比如，气息的深浅及急缓，声音的高低、强弱、虚实、明暗、刚柔及薄厚等都是这样。

三是这种对比具有层次性。在每一个对比项目当中都可以表现出不明的层次，而层次之间有着细致的差别，控制水平越高，层次间的差别越细。

四是这种对比往往属于复合型。声音的弹性不是以单项对比的形式出现的，而是以多种对比项目的复合形式出现的，这就产生了变化万端的声音色彩和性格。

那么，怎样才能使声音富于弹性呢？

人的思想感情是运动的，声音是可变的，这两条是取得声音弹性的必要条件。声音的可变需要依靠气息的运动自如、喉部放松以及口齿灵活，而运动着的思想感情是声音弹性的内在依托，是取得声音弹性的先决条件。播音主持要根据节目的内容、稿件的内容以及话题的内容，深切地体会情感运动中的细微变化而形之于声。也就是说，声音弹性的变化绝不是物理学上声音音高、音长、音强等的变化，因此声音弹性的训练绝不能脱离语言表达而独立进行。发声是在大脑的统一指挥下各发声器官的统一协调的动作，只有把握好情、声、气的关系，各个环节都能协调、灵活、控制自如，声音才能随感情的变化而变化。

要使声音富有弹性，一定要注意气息随感情的运动，因为气息是发声的动力，是由情及声的桥梁。此外，发声能力的拓展有利于声音弹性的加强，我们在发声的各个环节上的控制都需要留有余地，这样才有利于声音弹性的产生，在任何一个环节上表现出运动的极限都是形成声音弹性的障碍。比如，音量过大、过小，那么就不可能再大、再小；声调过高、过低，那么再高、再低也是不可能的。再如，口腔的开度过大或过小，口腔控制过松或过紧，字音的着力点太靠前或太靠后，进气量的过多或过少，等等，都是发声控制达到极限的表现，在这种情况下就难以实现具有弹性的声音。

九、情、声、气的结合

什么是播音发声当中的情、声、气？我们这里说的“情”，指的是在播音过程中播音员服务于播讲目的，由具体稿件或话题引发并且由有声语言表达出来，始终运动着的情感。情是我们进行播音创作的依托。“声”指的是播音员依据稿件或话题使用发声器官、运用播音技巧所发出的表达思想感情、包容大量信息并通过电声设备进行传播的规范化、艺术化的有声语言。“气”指的是在播音过程当中为使有声语言传情达意，播音员控制自如，使用胸腹联合式呼吸法所获得的发声动力。

那么，播音发声对情、声、气有哪些具体的要求呢？

对情的要求是要具备最丰富的并且能随时调动起来的思想感情。一方面，播音员要不断地加强自己的修养，锻炼和培养自己的艺术素质，使自己具有宽广的胸怀、纯真的情操、美好的憧憬、深邃的境界、蓬勃的志趣、灵动的活力，等等。另一方面，调动起来的运动着的思想感情，一定要服从于稿件或话题的界定，服务于播讲目的。对声的要求是能够充分表达各类不同稿件所确定的不同层次、不同色彩的情感，清晰明确地传递稿件所带有的所有信息，并且具有各自声音形象的特点，经过科学训练规范化、艺术化的声音。对气的要求是能够符合播音员进行播音创作要求，有一定力度、呼吸控制自如、完美地配合发声需要，并且能够保护发声器官、美化声音的气息。总之，“情”要取其高，“声”要取其中，“气”要取其深，以达到字正腔圆、清晰持久、刚柔自如、声情并茂的境界。

情、声、气之间的关系应该是怎样的呢?

大家都知道，语言总是带有一定的感情色彩，这种感情色彩赋予语言以情态意义。一定的情态意义靠一定的声音形式来表现，情态意义越丰富，声音形式的变化就越多样。语言本身具有极大的灵活性，它可以在不同的环境下，在不同的气氛、心理状态及情绪和声调当中具有不同的思想内容和感情色彩。

情是内涵，是依托；声是形式，是载体；气是基础，是动力。情是主导，由思想感情状态的运动指导着气息的运动，并且组织发声器官的协同动作，发出表情达意的声音。气随情动，声随情出，气生于情而融于声。这就是情、声、气的关系。我们在播音发声当中要以情带声、以声传情，而不能本末倒置，以声造情。

播音员、主持人进行创作的时候，声音是唯一的，或者是很重要的一部分表现形式。情需要通过声音和气息才能表达出来。播音发声情、声、气结合要追求的境界应该是情、声、气完全交融、主客观高度统一。人的精神生活现象是极其复杂的，我们常说的“可以意会不可言传”，指的是我感受到了、领悟到了，但是难以用语言、概念做出具体的描述，特别是某种情绪、情怀，某种复杂的感受、体验等，大多是属于情态领域里的一些东西。比如，愤怒、高兴、爱等，我们用来划分层次的程度副词很少，如有点儿、一些、比较、挺、很、太、非常、极度等。我们可以说有点儿愤怒、有一些愤怒、比较愤怒、挺愤怒、很愤怒、太愤怒、非常愤怒、极度愤怒等，层次并不多。用书面语言无法再往深层次划分的情绪，用我们的有声语言，用我们符合稿件、话题所提供的所有条件，采用情、声、气结合更能恰如其分地进行表达，这正是我们播音发声之所长。

在播音发声当中要做到情、声、气高度统一，确实不容易。要获得情、声、气统一的播音作品，需要从发声上注意以下几个方面的问题。

一是气息。运动的气息来源于不停变幻的控制。

二是声音的运用。要注意声音色彩的对比，一定要用足、用够、用活，要客观地认识自己的声音，抓住自己声音的特色，逐步确立自己的声音形象。

三是要注意实践性。在由备稿到播出的整个过程中，要根据稿件、话题提供的线索，不断地挖掘新的内容，找出新的感受，以促进思想感情的运动，要做到这些就一定要动真情。

气息是情动于内、声发于外的过渡阶段，气息也是情与声之间必经的桥梁，只有在气随情动的情况下，声才能随情感的变化而发生变化。从某种意义上说，气息控制就是由情及声、由内及外的一种贯穿性技术。

播音发声必须动之以情，但是并非随便什么感情的注入或者泛滥、激情的表露都是好的，表面的强烈不等于真实情感，质朴中常常能饱含着火一样的激情，而华丽当中往往也会呈现出空虚。这里主要要看有没有内涵、内韵，是不是发自内心。如果离开内心的真情而无病呻吟、忸怩作态，艺术的感染力就会一去无踪影。故意做作出来的假感情，它以迎合低俗之所好为满足，只能感人一时而不能真正地感染人，无法使人过耳不忘。

感情是使播音作品富于个性和创造性的潜在的推动力量。每个播音员、主持人完全可以按照自己的个性来发展不同的才能，用自己的辛勤劳动开拓一片崭新的天地，在时代精神的感召下，不断培养、充实、提高自身的情感素质，并且以此作为自己进行播音创作的基石和艺术探索的起点。播音员、主持人在播音发声这个领域，如果能够做到情、声、气高度统一，那说明他已进入了一个进行高层次播音创作的阶段。

第九章

教师应掌握标准的普通话

教师要想美化自己的嗓音，还必须具备一口标准的语音。教师吐字归音的准确与否直接影响讲话的质量，能讲准确流利的普通话已成为教师从业的基本要求。“字正腔圆”地讲话对从事职业嗓音工作的教师来说既是目的，又是手段。教师学习和掌握汉语语言的规律，不仅能使咬字真切、吐字清晰、声调优美，而且能使语言生动、亲切，富有生命力。

教师要想美化自己的嗓音，还必须具备一口标准的语音。不管是讲普通话、英语，还是讲其他任何一种语言，纵使嗓音再好听，如果语音不准，声调、语调不对，别人也不会觉得这样的嗓音好听。

吐字归音的准确与否直接影响讲话的质量，会讲准确流利的普通话已成为教师从业的基本要求。“字正腔圆”对从事职业嗓音工作的教师来说既是目的，又是手段。要做到咬字、吐字清晰准确，字正腔圆，字清意明，首先要学习和掌握汉语语言的规律：咬字上的五音（唇音、舌音、齿音、牙音、喉音）、吐字上的四呼（开口呼、齐齿呼、合口呼、撮口呼）、收音归韵的十三辙（发花、梭波、乜斜、一七、姑苏、怀来、灰堆、遥条、由求、言前、人辰、江阳、中东）以及字音上的四声（阴、阳、上、去）。这些是我国传统语音的特点，掌握了这些，不仅能使咬字真切、吐字清晰、声调优美，而且能使语言生动、亲切，富有生命力。

讲一口标准的普通话，对教师来说非常重要。笔者作为一名普通话水平测试员，长期工作在普通话水平测试第一线，对教师的普通话现状比较了解。笔者把教师普通话的读音缺陷进行了归纳整理，总结出了十二大常见系统问题。教师如果解决了这十二大常见系统问题，基本上就可以讲一口标准的普通话了。

一、声调问题

普通话确定了五度制标调法，把声音分为 5 个高度，由它确定了不同字音各种声调高低变化的具体数值，这些数值称为“调值”。

为了使调值的高低更加形象化，我们用类似音乐中的五线谱来表现 5 度音高，但需要注意的是，这种声音的高低是相对的，不像五线谱规定的声音高低那样严格。

第一声（阴平），音高保持在最高，从 5 度到 5 度，属高平调。调值是“55”，声调符号是“-”。发音时，声带始终绷到最紧（这里说的“最紧”是相对而言），保持音高不变。

第二声（阳平），音高从不高不低到最高，从3度到5度，属中升调。调值是“35”，声调符号是“ˊ”。发音时，声带从不紧不松开始，逐渐绷紧，到最紧为止。

第三声（上声），音高从中低到最低再升到次高，即从2度降到1度再升到4度，属降升调。调值是“214”，声调符号是“ˇ”。发音时，声带从略微有些紧张开始，立刻松弛下来，稍稍延长，然后迅速绷紧，但不要绷到最紧。声音主要表现在低音段1度到2度之间，音长是四个声调里最长的。

第四声（去声），音高从最高到最低，即从5度到1度，属全降调。调值是“51”，声调符号是“ˋ”。发音时，声带从绷得最紧开始，到完全松弛为止。音长是四个声调里最短的。

四声是汉语普通话特有的现象，四声发音是否合度是语言是否标准的一个重要方面，必须要下苦功夫认真辨听和练读。

很多教师的普通话找不出问题，可就是不好听，其原因可能就是声调不标准造成的。

练习1

京剧叫京剧，
警句叫警句，
京剧不能叫警句，
警句不能叫京剧。

练习2

学习就怕满懒难，
心里有了难懒满，
不看不钻就不前，
心里没了难懒满，
永不自满边学边干，
蚂蚁也能搬泰山。

练习 3

牛牛要吃河边柳，
妞妞赶牛牛不走；
妞妞护柳扭牛头，
牛牛扭头瞅妞妞，
妞妞扭牛牛又拗，
牛拗妞妞拗扭牛。

练习 4

妈妈骑马马慢妈妈骂马，
妞妞轰牛牛拧妞妞拧牛，
姥姥喝酪酪落姥姥捞酪，
舅舅驾鸠鸠飞舅舅揪鸠。

二、平、翘舌问题

舌尖会伸也会翘，平、翘舌音要分清。翘舌音 zh、ch、sh、r，舌身向后缩，舌尖向上翘，轻轻抵到硬腭处；平舌音 z、c、s，舌尖向前平伸，轻轻抵住上齿背。因为这两类字的发音差别只是舌尖位置的不同，zh、ch、sh、r 的舌尖位置靠后，z、c、s 的舌尖位置靠前，所以它们也分别叫作舌尖后音和舌尖前音。除了东北地区平、翘舌音分不清和南方许多地区没有翘舌音以外，在说普通话的地方，很多人也容易产生平、翘舌音分不清的现象，这只有加强练习了。

练习 1

长虫围着砖堆转，
转完了砖堆钻砖堆。

练习 2

松树上有松鼠，
棕树下有棕兔，
棕兔想捉松鼠，

松鼠跳过松树，
不让棕兔捉松鼠。

练习 3

隔着窗子撕字纸，
一撕横字纸，
再撕竖字纸，
撕了四十四张湿字纸。

练习 4

四是四，十是十，
四十是四十，
十四是十四。
要想说对四，
舌头碰牙齿；
要想说对十，
舌头别伸直。
要想说对四和十，
多多练习十和四。

练习 5

似乎念似乎，
似的念似的；
不能把“似乎”念成“是乎”，
也不能把“似的”念成“四的”。
似懂非懂，读错别字，
像白字先生似的。

练习 6

我说四只石狮子，
你说四只纸狮子，

石狮子是死狮子，
纸狮子也是死狮子，
要想说清这些字，
读清四、石、纸、死和狮子。

练习 7

山前有四十四棵涩柿子树，
山后有四十四只石狮子。
山前的四十四棵涩柿子树，
涩死了山后的四十四只石狮子；
山后的四十四只石狮子，
咬死了山前的四十四棵涩柿子树。
不知是山前的四十四棵涩柿子树，
涩死了山后的四十四只石狮子；
还是山后的四十四只石狮子，
咬死了山前的四十四棵涩柿子树。

三、前、后鼻音问题

教师还要练习后鼻音韵母 ing、eng 的正确收音。ing 和 eng 都以后鼻音韵母 ng 结尾，即口腔缩小，舌面后部或舌根抬起来和软腭接触，以舌根堵住声音气流，而形成鼻音。注意不要大张嘴，要抬舌面，把声音往鼻子里送。

有的教师发出来的后鼻音虽然没问题，但不好听，鼻音太浓。解决这个问题的办法是后鼻音前发。

练习 1

天津和北京，
津京两个音，
一个前鼻音，
一个后鼻音，

你要听不清，
请你注意听。

练习 2

顶针浑身都是坑，
坑对着针，
针对着坑，
缝被用针顶着坑。

练习 3

一平盆面烙一平盆饼，
饼碰盆，盆碰饼。

练习 4

十字路口指示灯，
红黄绿灯分得清，
红灯停，绿灯行，
行停停行看分明。

练习 5

真冷真冷真正冷，
猛的一阵风更冷。
说冷也不冷，
人能战胜风，
更能战胜冷。

练习 6

玲玲摇银铃，
银铃丁零零。
玲玲不摇铃，
银铃不丁零。
丁零零是玲玲摇银铃，
不丁零是玲玲没摇铃。

练习 7

同姓不能念成通信，
通信不能念成同姓，
同姓的可以通信，
通信的可不一定同姓。

练习 8

东洞庭，西洞庭，
洞庭山上一根藤，
藤上挂个大铜铃。
风起藤动铜铃动，
风停藤定铜铃静。

四、n、l 问题

舌头用力，说好 n 和 l。这两个音，都要用舌尖抵住上齿龈，不过发 n 音时，舌尖要完全阻住口腔出口，使声音从鼻腔发出，也就是发出的是鼻音；发 l 音时，要关闭鼻腔，舌尖要卷起抵住上齿龈，舌尖的位置比发 n 音时要靠后，可以到达上齿龈和硬腭的交界处，舌头两边要略微翻起，使声音气流能从舌头两边通过，嘴角要稍微咧开一点儿。

练习 1

刘小妞去遛牛，
牛小尤去练球，
不知你是去遛牛，
还是去练球。

练习 2

河边有棵柳，
柳下有头牛，
牛要去顶柳，

柳条缠住了牛的头。

练习 3

新脑筋，老脑筋，
老脑筋可以学成新脑筋，
新脑筋不学习，
就成了老脑筋。

练习 4

牛拉碾子碾牛料，
碾完了牛料留牛料。

练习 5

兰兰拉南南摘石榴，
石榴籽儿酸溜溜，
石榴摘了一大篓，
留给楼下刘老六。

练习 6

练一练，念一念，
n、l 要分辨。
l 是舌边音，
n 是鼻音要靠前。
你也练，我也念，
不怕累，不怕难，
一起努力就不难。

练习 7

老龙恼怒闹老农，
老农恼怒闹老龙，
农怒龙恼农更怒，
龙恼农怒龙怕农。

练习 8

门口有四辆四轮大马车，
你爱拉哪两辆来拉哪两辆。

练习 9

牛郎年年恋刘娘，
刘娘连连念牛郎，
牛郎恋刘娘，
刘娘念牛郎，
郎恋娘来娘念郎。

五、f、h 问题

湘、赣、客家、闽、粤等方言都不能分清声母 f 和 h 的发音，北方方言、江淮方言及西南方言也存在 f 和 h 混读的现象。

在学习时首先要注意 f 和 h 的发音，然后要清楚声母 f 和 h 相对应的字词。f 是唇齿音，h 是舌根音，发音的部位不一样。

发 f 音时下唇略内收，靠近上齿，形成一条窄缝，软腭上升，关闭鼻腔通道，声带不振动，气流从唇齿音的窄缝中挤出，摩擦成声。发 h 音时，舌根后部向硬腭和软腭交界处接近，构成声音气流的阻碍。

练习 1

粉红墙上画凤凰，
凤凰画在粉红墙，
红凤凰，粉凤凰，
粉红凤凰花凤凰。

练习 2

毛纺厂出混纺，
有红混纺、粉混纺、红粉混纺，
还有粉红混纺和黄混纺，
不知你要的是哪种混纺。

练习 3

灰化肥发灰不发黑，
黑化肥发黑不发灰。

练习 4

一堆粪，一堆灰，
灰混粪，粪混灰。

练习 5

风吹灰飞，
灰飞花上花堆灰，
风吹花灰灰飞去，
灰在风里飞又飞。

练习 6

笼子里有三凤，
黄凤、红凤、粉红凤。
忽然黄凤啄红凤，
红凤反嘴啄黄凤，
粉红凤帮啄黄凤。
你说是红凤啄黄凤，
还是黄凤啄红凤。

练习 7

黑化肥发灰，
灰化肥发黑。
黑化肥发灰会挥发，
灰化肥挥发会发黑。

六、尖音问题

克服尖音——舌面辅音 j、q、x 的正确发音。

j、q、x 三个辅音在发音时，声音气流的受阻部位是舌面的前部，所以又叫舌面音。这三个音的发音要点是，舌面放平，舌尖两边抵住下门齿的齿背，舌面前部与硬腭前部接触。当声音气流从口腔通过时，舌面离开硬腭，留出窄窄的空隙让气流摩擦成音。要注意的是，虽然舌尖抵住下齿背，舌面又与硬腭前部接触，但舌头的任何部位都不要与上、下门齿的齿间接触，否则会形成舌尖与齿间摩擦而成的齿尖音。

不能把“尖、千、先”读作“zian、cian、sian”。

尖音属于普通话的读音缺陷。长期以来，尖音只在南方地区和部分女士口中出现，近年来，却在北方地区蔓延起来，而且不分性别，大有愈演愈烈之势，甚至一些演播行业的语言工作者也经常犯这种错误。我们教师必须纠正和克服这种语言缺陷。

练习 1

舅舅去西街寻酒，
酒就青椒酱；
姐姐去斜街取鞋，
鞋小挤脚尖。

练习 2

今天下大雪，
小薛来扫雪，
扫雪湿了鞋，
小薛不肯歇。
街上变清洁，
姐姐谢小薛。

练习 3

雪景净，雪景美，
洁洁跟姐姐学画雪，
画了雪景学写雪，
画雪写雪全要学。

练习 4

小犀牛，尖尖角，
想吃溪边青青草。
洗洗净，嚼一嚼，
叽叽哇哇使劲叫：
“求求姐姐救救我，
舌尖下面起血泡！”
犀牛姐姐仔细瞧，
咳！是颗新鲜小樱桃。
“邪的玄的净瞎想，
简直是个娇气包！”
小犀牛，尾巴翘，
羞红小脸嘻嘻笑。

七、儿化问题

“儿”字发音为 er，是零声母的卷舌音。发音要点是，口腔半开，双唇略向外展开，舌面放平，舌尖向上卷起，和硬腭的前部相对，关闭鼻腔，声音气流从口腔流出。

当作为后缀的“儿”读得既轻又短的时候，会出现一种连音变化，即“儿”字与前面的音节拼读在一起，失去自己的独立性，“e”音不复存在，只剩下一个“r”的卷舌动作，附加在前面音节的韵尾上，而形成了一种新的卷舌韵母，称为“儿化韵”。前面音节的韵母加了卷舌动作的这种语言现象，称为“儿化”。

儿化是普通话的一个特色，它不仅是一种语言现象，而且有一定的语法修辞作用。

（1）形容小的、少的的形状和性质。如——

小孩儿　小猫儿　小鸟儿　小鸡儿　冰棍儿

一点儿　一把儿　一会儿　一阵儿

(2) 表示喜爱的情感和亲切的语气。如——

花儿　鸟儿　花篮儿　好玩儿　小辫儿

小王儿　老伴儿　模特儿　媳妇儿　大伙儿

您慢点儿走　你要好好儿学习　咱们说点儿心里话儿

(3) 表示鄙视的、轻蔑的语气和情感。如——

小偷儿　混混儿　找碴儿　掉价儿　小丑儿

(4) 区别词义。如——

头（脑袋）——头儿（物体的尖端或末梢，有时也专指领导和首领）

信（书信、函件）——信儿（消息、信息）

眼（眼睛）——眼儿（小窟窿、小洞）

面（面粉、面条）——面儿（细小的粉末）

(5) 区别词性。如——

画（动词）——画儿（名词）

盖（动词）——盖儿（名词）

尖（形容词）——尖儿（名词）

亮（形容词）——亮儿（名词）

个（量词）——个儿（名词）

北京及其周边地区，较多地使用儿化；南方不少地区，很少使用儿化。这都是语言不规范的表现，应注意纠正。

要说明的是，两个叠字组成的形容词或副词，当第二个字儿化以后，不管这个字原来的声调是什么，这个被儿化的字都要变读为阴平，如“好好儿”“美美儿”“慢慢儿”“远远儿”“亮亮儿”。

练习 1

大猫毛儿短，
小猫儿毛儿长，
大猫比小猫儿毛儿短，
小猫儿比大猫毛儿长。

练习 2

大热天儿，挂竹帘儿，
歪脖儿树下五个小妞儿编花篮儿，
大妞儿编了个绿花篮儿，
二妞儿编了个红花篮儿，
三妞儿编了个黄花篮儿，
四妞儿编了个带蓝点儿的白花篮儿，
五妞儿编了个不大不小、红底儿、黄边儿的彩花篮儿。

练习 3

李小田儿，拿竹竿儿，
上后院儿，打树杈儿，
打下一筐大红枣儿，
送给大伙儿尝尝鲜，
大伙儿都谢李小田儿。

练习 4

一个老头儿上山头儿砍木头，
砍了这头儿砍那头儿。
对面儿来了个小丫头儿，
给老头儿送来一盘小馒头儿。
没留神，撞上一块大木头，
栽了一个小跟头儿。

练习 5

有个小孩儿叫小兰儿，
挑着水桶上庙台儿，
摔了一个跟头拣了个钱儿。
又打醋，又买盐儿，
还买了一个小饭碗儿。
小饭碗儿，真好玩儿，

没有边儿，又没沿儿，

中间儿有个小红点儿。

八、“一”字音变规律

“一”字本来的声调是第一声阴平，调值是“55”。作为序数和处于词尾句末时，都要读原声调。如——

一、二、三　五一节　年初一　数一数二　一九零一（年）

统一　万一　单一　九九归一　天下第一

但在一些情况下，“一”的声调会发生变化。

（1）在第四声去声字之前，变读为第二声阳平，调值为“35”。如——

一阵　一切　一块　一样　一片

（2）在非去声（阴平、阳平、上声）字前，读去声，调值是“51”。如——

一天　一家　一只　一斤　一根

一壶　一行　一回　一头　一盒

一本　一匹　一尺　一桶　一脚

（3）夹在两个重叠的动词中间，要轻读，属次轻声。如——

说一说　笑一笑　看一看　查一查　找一找

所谓次轻声，是虽然轻读，但仍能听出原有的声调，只是读得轻而弱。夹在中间的“一”字，要随后面字的声调变调，变调的规律如前所述。

（4）应该注意的是，“一”在有些字前，由于其作用不同，会有不同的读音，一定要分析清楚。如“一班、二班、三班”和“一班（全班）人都去了”，“一层（第一层）”和“一层（事物的一部分或一个楼层的全部）”，“一连（第一连）”和“一连（全连）”。

练习1

干什么事情都要一心一意，
表里如一，言行一致，埋头苦干。
不能一高一低，一好一坏，一差二错，
情绪一落千丈，一蹶不振。

练习2

学习一心一意，
对人表里如一，
爱护一草一木，
节约一点一滴。

练习3

一个姑娘来摘梨，
一群小孩儿来学习，
一气儿摘了一车梨，
一起上街去赶集。

九、“不”字音变规律

“不”字的原声调是去声，调值是“51”，在单独念的时候和处于词尾句末的时候读原声调，不变调；在所有非去声字前，也不变调，读原声调。如——

不　不可能

不一定　不清楚　不相信　不答应　不干净

不着急　不回答　不得意　不合适　不全面

不小心　不讲话　不理会　不产生　不感谢

但在一些情况下，“不”的声调会发生变化。

(1)“不”字在去声字前，变为阳平，调值是“35”。如——

不断　不但　不顾　不破不立　不上不下

(2)“不”字夹在动词之间、形容词之间或动词和补语之间，变读为次轻声。如——

去不去　走不走　买不买　读不读　想不想

红不红　好不好　大不大　亮不亮　美不美

走不了　走不动　买不起　读不懂　想不清

这些轻读的“不”字，也要依据后一个字的声调变调，变调规律如前所述。

练习 1

不怕不会，就怕不学，
一回不会，再来一回，
一天一回，不信不会。

练习 2

知道就是知道，
不知道就是不知道，
不要知道说不知道，
也不要不知道装知道。
老老实实，实事求是，
一定要做到不折不扣地真知道。

练习 3

东东不小心打碎了玻璃杯子，
他不声不响地不停收拾，
爸爸在旁边不动声色地看着，
这让东东有点不知所措。
妈妈不慌不忙地劝他：
“这不是你故意打破的，我不批评你，
不过以后可不要再这么粗心了。”
爸爸说：“旧的不去，新的不来嘛。”
东东不好意思地说：
“我以后再也不粗心大意，不管不顾了。”

十、“上声”音变规律

普通话语流音变中，上声音变是相对复杂的音变。

上声字在普通话的四个声调的字前都会发生音变，但在单独念的时候，或在句尾和在词尾又处于标点符号前的时候，要读原声调“214”。

（1）上声字在所有的非上声字包括轻声字前，读前半上声，调值变为“211”。如——

北京　火车　老师　好听　闪光

祖国　语言　表扬　朗读　品德

准确　好看　感谢　土地　捣乱

尾巴　耳朵　骨头　眨巴　奶奶

（2）两个上声字相连，前一个上声字变读为接近阳平，调值是“35”。如——

理想　演讲　很好　鼓舞　广场

（3）三个上声字相连，有以下两种情况。

①前两个上声字组成一个词语，即三个上声字是双音节＋单音节（也叫双单格）时，前面词语的两个上声字变读为阳平，调值是“35”。如——

展览馆　游泳场　水彩笔　选举法

②后两个上声字组成一个词语，即三个上声字是单音节＋双音节（也叫单双格）时，第一个上声字变读为半上声“211”，中间的上声字按两个上声相连的情况变读为阳平 35，第三个上声字读原调值“214”。如——

写讲稿　冷处理　演小品　纸老虎　小拇指

练习 1

这几天下雨，

穿粉雨衣的女小吕，

来找打紫雨伞的女老李。
穿粉雨衣的女小吕，
没找着打紫雨伞的女老李，
打紫雨伞的女老李，
也没等来穿粉雨衣的女小吕。

练习 2

省体委女子短跑组的女选手不仅擅长百米跑，还能在舞蹈小品辅导组的指导下，跟着舞曲表演玛祖卡舞。她们美丽的体态和完美的舞姿受到广泛好评，都说她们挺勇敢的，紫孔雀公司还给予她们许多奖品。

十一、“啊”字音变规律

（1）“啊”字作为感叹词，读 a 音，随着语言内容和语气的变化，可分别读出四个声调。如——

啊（ā），天晴了。

啊（á），你说什么？

啊（ǎ），这怎么办？

啊（à），太美了！

（2）“啊”字作为语气助词处于句尾，要随着前一个字的字尾因素（韵尾）而发生增音变读，即要与前一个字的韵尾拼读。现将这种变读规律列表如下。

前一音节收尾音素	“啊”字读音	汉字注音	语句举例
a o e i ü	ya	呀	是他呀；是伯伯呀；来喝呀；上自习呀；快去呀。
u ao ou	ua	哇	老虎哇；笑哇；跳哇；走哇。
n	na	哪	看哪；小心哪。
ng	nga	啊	听啊；唱啊。
zhi chi shi r	ra	啊	没治啊；快吃啊；真湿啊。
zi ci si	za	啊	写字啊；鱼刺啊；相似啊。

练习1

鸡鸭猫狗

鸡啊、鸭啊、猫啊、狗啊，
一块儿在水里游啊！
牛啊、羊啊、马啊、骡啊，
一块儿进鸡窝啊！
狼啊、虎啊、鹿啊、豹啊，
一块儿在街上跑啊！
兔儿啊、鼠儿啊、虫儿啊、鸟儿啊，
一块儿上窗台儿啊！

练习2

张果老

啪！啪！啪！谁啊？张果老啊。
怎么不进来啊？怕狗咬啊！
衣兜儿里装的什么啊？大酸枣儿啊。
怎么不吃啊？怕牙倒啊。
胳肢窝里夹着什么啊？破棉袄啊。
怎么不穿啊？天儿太热啊。
我把狗拴住，快进屋啊！
那感情好啊！

练习3

小胖是个好孩子

有个小孩子名字叫小胖，他见邻居覃大婶的大伯子干活没筐用，就在院里种了一种茜草，长得绿油油的，真好看啊！等草长长了，小胖就抄起一把木头把的小镰刀，挪着个小篮，唱着小曲，在院里割起来。可是草上有刺，他割啊割啊，真费劲啊！一不小心，哧溜！摔了一跤，脚脖子也崴了，手脖子也矮了，挖挲开小手一看，啊，鲜血直流！别看流血了，可他一点也不怕，把手一摩挲，又干起来。

他砍啊，割啊，这回啊，可得小心点。不一会儿，得！全割下来了。小胖把草装进小篮，提溜进小屋，放在热炕上炮干了，一鼓作气，编了八个小筐。一个送给覃大婶的大伯子，另外七个送给了村里别的大叔大婶。大伙真高兴啊，都夸小胖是个好孩子。

十二、轻声的语音特点和运用规律

轻声是普通话里一种特殊的音变现象。一个字处于口语轻读音节的地位，失去了它原有的声调，又重新构成自己特有的音高，听起来显得轻、弱、短、模糊，就称为轻声。所有轻声都跟在其他音节后面出现，不会在一句话或一个词的开头出现。轻声全部由阴平、阳平、上声、去声四个声调变化而来，并且都是前一个音节的调值决定了后一个轻声音节的调值，而与后一个音节原有的调值无关。

由于有了轻声音节，使普通话增加了起伏变化，语言更具表现力和节奏感，更加动听。然而轻声不仅是语言现象，它还和词汇及语法有关。

1. 区别一些词的词义和词性。如——

东西：表示方向，东边和西边。

东西（加下加线表示轻声，下同）：表示具体的物品。

人家：表示住户。

人家：表示别人。

兄弟：哥哥和弟弟。

兄弟：弟弟或比自己小的男子。

地道：名词，地下挖掘的交通坑道。

地道：形容词，真正的，纯粹的，标准的。

火烧：动词，用火点燃。

火烧：名词，一种没有芝麻的烧饼。

2. 在普通话里，有些语法成分必须读轻声，而且有严格的规律。

（1）语气词：啊、吧、呐、呢、吗。例如，是啊，不对吧，留神呐，你说呢，你好吗。

（2）结构助词：的、地、得。例如，红色的花朵，快快地开放，开得很茂盛。

（3）动态助词：着、过、了。例如，她拿着书包，他到过这里，花开了。

（4）名词后面的方位词。例如，树上，地下，桌子里。

（5）动词后面的趋向补语。例如，进来，出去，拿过来。

（6）动词后面的结果补语。例如，打开，放进来，站住。

（7）动词或代词的后缀。例如，木头，他们，孩子。

（8）名词、动词重叠字的第二个字。例如，妈妈，爸爸，宝宝，看看，读读，听听。

（9）一般重叠字作形容词时，第二个字不仅不变读轻声，有时还可以变读成阴平，如“满满的”“远远的”；三个字组成的形容词，重叠字在后面，后两个字大多都变读为阴平，如“亮堂堂”“红彤彤”“黑黝黝”；双音节形容词重叠，通常第二个音节轻读，后两个字可变读为阴平，如“热热闹闹”“老老实实”“欢欢实实”。

（10）某些量词。例如，一个人，借本书，写封信。

（11）作宾语的人称代词。例如，喜欢你，吹捧他，老师叫我。

（12）许多双音节的词后一个音节习惯轻读。例如，月亮，葡萄，朋友。

轻声字是普通话语调具有起伏变化，具有跳跃性和音乐性的重要原因，南方人不习惯读轻声，整体语流听起来就不够活跃，缺乏跳跃性。轻声变音不易掌握，却是讲好普通话的关键之一，应多下功夫练习。

练习 1

屋子里有箱子，
箱子里有匣子，
匣子里有盒子，

盒子里有镯子，
镯子外面有盒子，
盒子外面有匣子，
匣子外面有箱子，
箱子外面有屋子。

练习 2

栓子和柱子，
比赛上梯子，
手抓长柱子，
脚踩横掌子，
只有长柱子，
没有横掌子，
栓子和柱子，
怎么上梯子？

练习 3

天上日头，
嘴里舌头，
地上石头，
桌上馒头，
手掌指头，
大腿骨头，
小脚趾头，
树上枝头。

练习 4

墙上一个小钉子，
挂着一面小镜子。
兰兰搬来小凳子，
爬上凳子照镜子。

镜子里面有啥子，
有个兰兰的小鼻子。

练习 5

星星眨着眼睛，
高兴地看着我的妹妹小元元。
妹妹拿着我送给她的小本子，
认真地画黄色的小鸭子。
我看着小妹妹乖乖的样子，
忍不住笑起来了。

第十章

教师应学习朗诵技巧

朗诵是一种有声语言的综合艺术表演形式。它是用根据艺术处理所需的可控制的音色及音量，用清晰正确的读音，配合眼神、表情、手势等体态语言，用真挚感情把作者的书面文字作品变成具有声音美感、视觉美感和情感意境美感的生动有声语言的再创造性的艺术活动。朗诵集文字学、语言学、音韵学、发声学、形体学等于一体，它的基本要求是字清、气顺、音正、声脆、腔美、调纯、意切、神出。

朗诵是一种有声语言的综合艺术表演形式。它是用根据艺术处理所需的可控制的音色及音量，用清晰正确的读音，配合眼神、表情、手势等体态语言，用真挚感情把作者的书面文字作品变成具有声音美感、视觉美感和情感意境美感的生动有声语言的再创造性的艺术活动。

朗诵集文字学、语言学、音韵学、发声学、形体学等于一体，它的基本要求是字清、气顺、音正、声脆、腔美、调纯、意切、神出。

作者在深圳广电中心演出朗诵

一、朗诵前的准备

朗诵是朗诵者的一种再创作活动。这种再创作，不是脱离朗诵的材料去另行一套，也不是照字读音的简单活动，而是要求朗诵者通过原作的字句，用有声语言传达出原作的主要精神和艺术美感，朗诵者不仅要让听众领会朗诵的内容，而且要使其在感情上受到感染。为了达到这个目的，朗诵者在朗诵前必须做好一系列的准备工作。

1. 选择朗诵材料

朗诵是一种传情的艺术。朗诵者要很好地传情，引起听众共鸣，首先要注意材料的选择。选择材料时，首先要选择那些语言具有形象性且适于上口的文章。因为形象感受是朗诵中一个很重要的环节，干瘪枯燥的书面语言对于具有很强感受能力的朗诵者也构不成丰富的形象感受。其次要根据朗诵的场合和听众的需要，以及朗诵者自己的爱好和实际水平，在众多作品中选出合适的作品。

2. 把握作品的内容

准确地把握作品内容，透彻地理解其内在含义，是朗诵作品的重要前提和基础。固然，朗诵中各种艺术手段的运用十分重要，但是如果离开了准确、透彻地把握内容这个前提，那么，艺术技巧就成了无源之水、无本之木，成了一种纯粹的形式主义，便无法做到传情，无法让听众动情了。要准确、透彻地把握作品内容，应注意以下几点。

（1）正确、深入的理解

朗诵者要把作品的思想感情准确地表现出来，需要透过字里行间理解作品的内在含义。首先，要清除障碍，搞清楚文中生字、生词、成语、句子等的含义，不要囫囵吞枣、望文生义。其次，要把握作品创作的背景、作品的主题和情感的基调，这样才会准确地理解作品，才不会把作品念得支离破碎，甚至歪曲原作的思想内容。

以高尔基的《海燕》为例，扫除文字障碍后，就要对作品进行综合分析。这篇作品以象征手法，通过暴风雨来临之前、暴风雨逼近和暴风雨即将来临三个画面的描绘，塑造了一只不怕电闪雷鸣，敢于搏风击浪，勇于呼风唤雨的海燕——这一“胜利的预言家”的形象。而这部作品诞生之后立即不胫而走，被广大工人和革命群众在革命小组活动时朗诵，被视作传播革命信息、坚定革命理想的战歌。综合分析之后进行朗诵，就不难把握其主题了，即满怀激情地呼唤革命高潮的到来。进而，我们又不难把握这部作品的基调，就是对革命高潮的向往、企盼。

（2）深刻、细致的感受

有的朗诵听起来也有抑扬顿挫的语调，可就是打动不了听众。

如果不是作品本身有缺陷，那就是朗诵者对作品的感受还太浅薄，没有真正走进作品，只是在那里“挤”情、“造”性。听众的耳朵是敏锐的，他们不会被虚情所动。朗诵者要想唤起听众的感情，使听众与自己同喜、同悲、同呼吸，必须仔细体味作品，进入角色，进入情境。

(3) 丰富、逼真的想象

在理解、感受作品的同时，往往要进行丰富的想象，这样才能使作品的内容在自己的心中、眼前活动起来，就好像亲眼看到、亲身经历一样。

以陈然《我的自白书》为例，在对作品进行综合分析的同时，可以设想自己就是陈然（重庆《挺进报》的特别支部书记），当时正处在这样的情境中：他被国民党逮捕，在狱中饱受折磨，但信仰毫不动摇，最后，敌人把一张白纸放在他面前，让他写自白书，他满怀对敌人的愤恨和藐视，满怀革命必胜的坚定信念，自豪地写下了“怒斥敌酋”式的《我的自白书》。通过这样深入的理解、真挚的感受和丰富的想象，使己动情，从而也能使人动性。

3. 用普通话语音朗诵

要使自己的朗诵优美动听，必须使用标准的普通话进行朗诵，因为朗诵作品一般都是运用现代汉民族共同语（普通话）写成的，所以，只有用普通话语音朗诵，才能更好、更准确地表达作品的思想内容。同时，普通话是汉民族共同语，用普通话朗诵，便于不同方言区的人理解、接受。因而，在朗诵之前，首先要咬准字音，掌握语流音变等普通话知识。

二、情景再现

情景再现是指在符合稿件需要的前提下，以稿件提供的材料为原型，使稿件中的人物、事件、情节、场面、景物、情绪等在朗诵者脑海里不断浮现，形成连续活动的画面，并不断引发相应的态度、

感情的过程。

1. 理清头绪

脑海里应该形成连续活动的画面：开头是什么样的——接下来的变化——如何发展的——结果是什么样的——哪里是特写。对这些都要心中有数。

2. 设身处地

处于事件的情理之中，主要是获得现场感，产生“我就在”的感觉。

3. 触景生情

这是情景再现的核心。朗诵中特别强调积极的反映，在毫无准备的情况下，一个具体的“景”的刺激要能马上引起具体的“情”，又要完全符合稿件的要求。

4. 现身说法

稿件中的情景始终“再现”，朗诵者在脑中再现了文章中的情景，接下来，朗读者就要把这情景再转述出来，经过自己的消化吸收，加工制作，使听众产生某种情景的再现，从而受到感染。

三、运用眼睛

有人说：“演员一上台，全凭一张脸。”这说明了面部表情的重要性。而“一身在于脸，一脸在于眼”又说明了眼睛在表情中占据的重要作用。朗诵时眼睛的运用包括眼神和视线两个方面。

眼神就是眼睛表现出来的感情色彩，是由内心情感控制和支配的。眼神的作用有时甚至会超过语言的力量。

视线就是眼睛和所看物体之间的假想连线，也可以理解为眼睛看的方向。对作品中出现的人和物，朗诵者要用视线表明他们的位置，必须要建立起内心视像，眼睛要敢于直视这些假想的人和物。特别是人物对话时，一定要用专注的视线面对假想中的交流对象。当这些人或物活动起来或变换位置时，就要用流动的视线来追随这些变化，让听众的想象活跃起来。

视线和眼神是相互关联的。要想精彩而合理地运用眼神和视线，情感、设计和自信，缺一不可！

四、停连

停连，顾名思义，指停顿和连接。在朗诵中，语言的层次之间、段落之间、语句之间总有休止中断的地方，时间有长短，这些都属于停顿范畴；有些不休止、不中断的地方，特别是有标点符号但不休止、不停顿的地方，就是连接。可以说，停连是有声语言表达中的标点符号。一方面，停连是作品内容、情感表达的需要，在适当的地方利用停连，造成声音的暂时间歇和延读，能帮助听者更好地理解和感受作品的思想内容。另一方面，它也出于朗诵者生理上的需要。

1. 停连的分类

停连可以分为语法停连和强调停连两类。

（1）语法停连

语法停连是反映词句间的语法关系，显示语法结构的停连。例如：

亲爱的爸爸妈妈：/欢迎您！

亲爱的爸爸：/妈妈欢迎您！

亲爱的：/爸爸妈妈欢迎您！

可见，停连的位置不同，显示的语法关系和结构也不相同。语法停连又可以分为两种。

一是句读停连。标点符号是书面语的重要组成部分，在口语中则用停顿来表示，其停顿时间的长短一般由标点的类型决定。常用的标点符号的停顿时间大致是句号、问号、叹号＞分号、冒号＞逗号＞顿号。例如：

山是墨一般的黑，//陡立着，//倾向江心，//仿佛就要扑跌下来；///而月光，//从山顶上，//顺着深深的、/直立的谷壑，//把它那清洌的光辉，//一直泻到江面。////……

标点符号虽是停顿的重要标志，但也不能生搬硬套，要根据语意的表达和语气的需要灵活处理。（斜竖线的多少表示停连时间的长短）

二是语组停连。语组停连是指在没有标点符号的地方，按照词语法关系所做的停顿。语组停顿比句读停顿的时间要短些。一般说来，主谓之间、动宾之间、修饰成分与中心语之间都可以有停顿。例如：

海/翻了个身似的/泼天的/大雨，将要/洗干净/太阳上的/白翳。

夕阳/把水面/映得/通红，把天空/也染成/万道影霞。

（2）强调停连

强调停连是为了突出某种事物或表达某种特殊感情所做的停连。它不受语法停连的限制，而是依据表情达意的需要来决定停连的位置和时间。它可表示某种特殊的语意，还可显现出它前后连接部分的某种特殊的关系。强调停连主要分为以下几类。

一是表现语句中的区分关系。例如：

伊/伏在地上；车夫/便也立住脚。他/对于/我，渐渐又几乎变成了一种威压……

在“伊”和“车夫”后面略有一顿挫，人物关系、动作更为明了，如在眼前。

二是表现语句中的呼应关系。例如：

在这叫喊声里，乌云听出了/愤怒的力量、热情的火焰和胜利的信心。

这里“乌云听出了”是呼，后面三个短语“愤怒的力量”“热情的火焰”“胜利的信心”是应。在“听出了”后面要停顿，使后面三个短语之间紧密连接。如果机械地按标点符号停顿，便成为“在这叫喊声里，乌云听出了愤怒的力量、/热情的火焰和胜利的信心”，这样朗诵就破坏了句子内部的对应关系，造成语意不清。

三是表现语句中的并列关系。例如：

用它/搭过篷帐，用它/打过梭镖，用它/当缶盛过水，当碗蒸过饭，用它/做过扁担与吹火筒。

这一句话有四个并列短句，可以在“用它”之后略一停顿，显示出“它”的并列感。特别是第三个短句“用它/当缶盛过水，当碗蒸过饭”，中间要连起来，不能按标点停顿，否则就形成了五个短句，使语义散乱。

四是表现句中的转换关系。例如：

我便对他说：“没有什么的。走你的罢！”//车夫毫不理会，——或者并没有听到，——却放下车子，扶那老女人慢慢起来，搀着臂膊立定……

在作品中，语句并不都是平铺直叙的，随着内容、情节的发展，在语句之间往往会形成语意的变化、感情的反差，上面例子中两句之间的转换性停顿，就使“我”的无所谓和“车夫”的关注形成了一种强烈的对比。

2. 停连的方法

从语句的停顿和连接来看，主要有以下四种方式。

（1）落停

即停顿时间相对较长，句尾声音顺势而落，声止气也尽。这种停顿多用在一个相对完整的意思讲完之后，句读停顿中多用在句号、问号、感叹号处。

（2）扬停

即停顿时间相对较短，停之前声音稍上扬或持平，声虽止但气未尽，一听便知是才说了半句话，还有下文。多用在一个意思还未说完，而中间又需要停顿之处。句读停顿中多用在分号、逗号、顿号处。

（3）直连

即顺势而下，连接迅速，不露连接的痕迹。多用于内容联系紧密，持续抒发感情的地方。一般与扬停配合使用。

（4）曲连

即在连接处有一定空隙，但又连环相接，迂回向前。多用于既要连接，又要有所区分处，常与落停配合使用。

五、重音

1. 重音的定义

一篇稿件由许多表达独立意思、蕴含一定情感的语句组成，对那些重要的、主要的词或词组，朗诵时要着重强调，以便突出地、明晰地表达出具体的语言目的和具体的思想感情。这些着重强调的词或词组就是重音，它是体现语句内容的重要手段。在朗诵中，重音位置不同，语意也会随之发生变化。例如：

我知道你爱看小说。（别以为我不知道）

我知道你爱看小说。（爱不爱看诗歌我不知道）

2. 重音的分类

重音可分为语法重音和强调重音两类。

（1）语法重音

在不表示什么特殊的思想和感情的情况下，根据语法结构的特点而把句子的某些部分重读的，叫语法重音。语法重音的位置比较固定，常见的规律有以下几点。

① 一般短句子里的谓语部分常重读。

② 动词或形容词前的状语常重读。

③ 动词后面由形容词、动词及部分词组充当的补语常重读。

④ 名词前的定语常重读。

⑤ 疑问代词和指示代词也常重读。

如果一句话里成分较多，重读也就不止一处，往往优先重读定语、状语、补语等连带成分。例如：

小燕子在海面上斜掠着，浮憩着。（谓语）

我心里，有着说不出的兴奋和愉快。（定语）

这就是我——一个共产党员的自白。（指示代词）

我们是怎样度过这惊涛骇浪的瞬息！（定语）

快把那炉火烧得通红。（补语）

值得注意的是，语法重音的强度并不十分强，只是同语句的其他部分相比较读得重一些罢了。

（2）强调重音

强调重音是指为了表示某种特殊感情和强调某种特殊意义而故意说得重一些的音，目的在于使听者注意自己所要强调的某个部分。语句在什么地方该用强调重音并没有固定的规律，而是受说话的环境、内容和感情支配的。同一句话，强调重音不同，表达的意思往往也不同。例如：

我去过上海。（回答“谁去过上海”）

我去过上海。（回答“你去没去过上海”）

我去过上海。（回答“北京、上海等地，你去过哪儿”）

因而，在朗诵时，首先要认真钻研作品，正确理解作者意图，才能较快、较准地找到强调重音之所在。

强调重音与语法重音是有区别的。

① 从音量上看。语法重音给人的感觉只是一般的轻重有所区别，而强调重音则给人鲜明突出的印象。强调重音的音量大于语法重音的音量。

② 从出现的位置看。强调重音可能与语法重音重叠，这时语法重音服从于强调重音，只要把音量再加强一些就行了。有时，两种重音出现在不同的位置上，此时，强调重音的音量要盖过语法重音的音量。

③ 从确定重音的难易上看。语法重音较容易找到，在一句话的范围内，根据语法结构的特点就可以确定，而强调重音的确定却与朗诵者对作品的钻研程度、理解程度紧密相连。

3. 重音的表现方法

重音的表现方法有很多种，常见的有以下四种情况。

（1）加强音量

即有意识地把某些词语读得重一些，响一些，使音量增强。例如：

这时候，他用力把我往上一顶，一下子把我甩在一边，大声说："快离开我，咱们两个不能都牺牲！……要……要记住革命！"

（2）拖长音节

即有意将音节拖长一些，用延长音节的办法使重音突出。例如：

太阳像负着什么重担似的，慢慢儿，一步一步地，努力向上面升起来。

（3）重音轻读

表现重音，不一定非要增加音量，有时用减轻音量的方法，将重音低沉地轻轻吐出，效果反而会更好。一般在表达极为复杂而细腻的感情时，多用这种方法。例如：

风一吹，芦花般的苇絮就飘飘悠悠地飞了起来。

我忍着笑，轻轻走过来。

朕给你的，才是你的；朕不给你，你不能抢。

（4）停顿强调

在要强调的词后面做一短暂的停顿。例如：

再见了，亲人！我的心永远/和你们在一起。

六、语气

语气是朗诵表达技巧之一。它是思想感情运动状态支配下语句的声音形式。

语气由一定的具体思想感情和一定的具体声音形式两方面构成。二者相辅相成，前者决定后者，后者对前者有反作用。

具体的思想感情包含语气的思想感情和语气的分量两个方面的

内容，这是语气的灵魂。语气的声音形式可以说是语气的躯体，语气的思想感情和分量能通过恰当的声音形式体现出来。

作者演出朗诵

七、节奏

节奏是指朗诵过程中由声音抑扬顿挫、轻重缓急而形成的回环往复的形式。节奏是朗诵创作过程中所运用的一种重要表达技巧。把握节奏，首先要引发思想感情，使之处于运动状态，重要的是把握有声语言的变化。这变化不同于停连、重音，也不同于语气，要着眼于“回环往复”。

常见的节奏类型大体有以下几种。

1. 轻快型

这种节奏语速较快，多扬少抑，多轻少重，声轻不着力，词语密度大，有时有跳跃感，多用来描绘欢快、诙谐的情志。例如：

我爱看天上的一片云，那片白白的、会变的云。瞧它一会儿变成只小黄狗，摇着尾巴，追着太阳跑；一会儿变成只小灰羊，在草原上撒欢儿跳高。

2. 沉稳型

这种节奏语势沉缓，多抑少扬，多重少轻，音强而着力，词语密度疏，常用来表现庄重、肃穆的气氛和悲痛、抑郁的情感。例如：

灵车队，万众心相随。哭别总理心欲碎，八亿神州泪纷飞。红旗低垂，新华门前洒满泪。日理万机的总理啊，您今晚几时回？

3. 舒缓型

这种节奏语速较缓，语势较平稳，声音轻柔而不着力，常常用来描绘幽静的场面和美丽的景色，也可以表现舒展的情怀。例如：

大海上一片静寂。在我们的脚下，波浪轻轻吻着岩石，像朦胧欲睡似的。在平静的深黯的海面上，月光辟开了一款狭长的明亮的云汀，闪闪地颤动着，银鳞一般。

4. 强疾型

这种节奏语速较快，多扬少抑，声音强劲而有力，常用来表现紧张急迫的情形和抒发激越的情怀。例如：

在苍茫的大海上，狂风卷集着乌云。在乌云和大海之间，海燕像黑色的闪电，在高傲地飞翔。

一会儿翅膀碰着波浪，一会儿箭一般地直冲向乌云，它叫喊着，——就在这勇敢的叫喊声里，乌云听出了欢乐。

以上四种节奏类型，只是大体的分类，每一种还可以再分小类，这里不再一一列举。在实际的朗诵过程中，一篇作品的节奏不一定是单一的，往往随着内容情节的变化，节奏也会相应地发生改变。因此，在朗诵过程中，节奏必须因文而异，切忌死板单一，一统到低。

运用节奏技巧，需掌握几种方法：（1）欲抑先扬，欲扬先抑；（2）欲停先连，欲连先停；（3）欲轻先重，欲重先轻；（4）欲快先慢，欲慢先快。

八、语速

语速是指说话或朗诵时每个音节的长短及音节之间连接的紧松。

说话的速度是由说话人的感情决定的，朗诵的速度则与文章的思想内容相联系。一般说来，热烈、欢快、兴奋、紧张的内容的朗诵速度快一些；平静、庄重、悲伤、沉重、追忆的内容的朗诵速度慢一些；而一般的叙述、说明、议论则用中速。

以《雷雨》中周朴园和鲁侍萍的对话为例，朗诵时应根据人物心情的变化调整语速，而不应一律以一种速度读下来。例如：

周：梅家的一个年轻小姐，很贤惠，也很规矩。有一天夜里，忽然地投水死了。后来，后来，——你知道吗？（慢速。周朴园故作与鲁侍萍闲谈状，以便探听一些情况）

……

鲁：这个梅姑娘倒是有一天晚上跳的河，可是不是一个，她手里抱着一个刚生下三天的男孩，听人说她生前是不规矩的。（慢速。鲁侍萍回忆悲痛的往事，又想极力克制怨愤，以免被周朴园认出）

……

鲁：我前几天还见着她！（中速）

周：什么？她就在这儿？此地？（快速。表现周朴园的吃惊与紧张）

……

鲁：老爷，您想见一见她么？（慢速。鲁侍萍故意试探）

周：不，不，谢谢你。（快速。表现周朴园的慌乱与心虚）

……

周：我看过去的事不必再提起来吧。（中速）

鲁：我要提，我要提，我闷了三十年了！（快速。表现鲁侍萍极度的悲愤以至几乎喊叫）

九、句调

在汉语中，字有字调，句有句调。我们通常称字调为声调，是指音节的高低升降；而句调我们则称为语调，是指语句的高低升降。

句调是贯穿整个句干的，只是在句末音节上表现得特别明显。句调根据表示的语气和感情态度的不同，可分为升调、降调、平调、曲调四种。

1. 升调

前低后高，语势上升。一般用来表示疑问、反问、惊异等语气。例如：

当年毛委员和朱军长带领队伍下山去挑粮食，不就是用这样的扁担吗？

2. 降调

前高后低，语势渐降。一般用于陈述句、感叹句、祈使句，表示肯定、坚决、赞美、祝福等感情。例如：

盼望着，盼望着，东风来了，春天的脚步近了。

3. 平调

这种调子，语势平稳舒缓，没有明显的升降变化，用于不带特殊感情的陈述和说明，还可表示庄严、悲痛、冷淡等感情。例如：

我家的后面有一个很大的花园，相传叫作百草园。

4. 曲调

全句语调弯曲，或先升后降，或先降后升，往往把句中需要突出的词语拖长着念。这种句调常用来表示讽刺、厌恶、反语、意在言外等语气。例如：

这真是所谓“你不说我还明白，你越说我越糊涂了”……

除了以上这些基本表达手段外，要使朗诵有声有色，还得借助一些特殊的表达手段，如笑语、颤音、泣诉等，这里我们就不详细介绍了。

第十一章

教师塑造嗓音形象的方法

塑造任何一种嗓音形象，都要具备科学的发声方法、健康的体魄和标准的发音。这些是基本条件，是塑造嗓音形象的基本方法。塑造教师嗓音形象的具体方法有调整音质音色，调节共鸣腔体，调节嗓音的高低起伏、强弱对比，调节语速、音频、音调，设计语言的节奏、适时的停顿，等等。然后，再加上一些不同的辅助手段，就可以塑造出各种自己所需要的嗓音形象。

教师针对不同的学生、身处不同的场合、处理不同的事件都需要用不同的嗓音来应对，以期达到说话所想要达到的目的。

声由心生，任何时候，技术都是第二位的。要想拥有什么样的嗓音形象，心里首先要有与之对应的情感，然后再配合必要的技术，就可以塑造完美的嗓音形象，达到与人交流的目的。

塑造任何一种嗓音形象，都要具备科学的发声方法、健康的体魄和标准的发音。这些是基本条件，是塑造嗓音形象的基本方法。

塑造教师嗓音形象的具体方法有调整音质音色，调节共鸣腔体，调节嗓音的高低起伏、强弱对比，调节语速、音频、音调，设计语言的节奏、适时的停顿，等等。然后，再加上下面各种不同的辅助手段，就可以塑造出各种自己所需要的嗓音形象。

一、教师如何使嗓音具有霸气感、力量感和权威性

具有霸气感、力量感和权威性的嗓音对于教师是非常有用的。这种嗓音可以使教师的工作事半功倍，帮助教师更快、更好地处理问题。当然，教师的才能和个人魅力是必需的。要想获得这种嗓音，必须做到以下几点。

第一，要有强烈的自信心。

第二，说话时，底气要很足。

第三，语速稍慢。

第四，加强胸腔共鸣，减少鼻腔共鸣。

第五，做胸腔共鸣练习，可反复诵读“小柳树，满地栽，金花谢，银花开”。

练习：

1. 农村是一个广阔的天地，在那里是可以大有作为的。

——毛泽东

2. 这个军队具有一往无前的精神，它要压倒一切敌人，而决不被敌人所屈服。

——毛泽东

3. 有条件要上，没有条件创造条件也要上。

——电影《创业》

4. 朕给你的，才是你的；朕不给你，你不能抢。

——电影《满城尽带黄金甲》

5. 我代表党、代表人民宣判你的死刑。

——电影《党的女儿》

二、教师如何使嗓音具有亲切感

要想拉近教师与学生之间的心理距离，最重要的一点就是教师的嗓音要具备一种亲切感。要想获得这样的嗓音必须做到以下几点。

第一，要有博爱之心。

第二，说话时要面带笑容。

第三，声音力度弱一点，声音软一点、浅一点。

第四，以口腔共鸣为主。

训练口腔共鸣的绕口令：山上五株树，架上五壶醋，林中五只鹿，柜中五条裤，伐了山上树，取下架上醋，捉住林中鹿，拿出柜中裤。

练习：

1. 学习的敌人是自己的满足，要认真学习一点东西，必须从不自满开始。

——毛泽东

2. 虚心使人进步，骄傲使人落后。

——毛泽东

3. 人因梦想而伟大，永远不要让别人夺走你的梦想！

——佚名

4. 命运掌握在自己手里，而不是在别人嘴里！

——佚名

5. 用感恩的心去做人，以好玩的心去做事！

——佚名

三、教师如何使嗓音具有吸引力和震撼力

如果学生不爱听教师讲话、教师讲的不能引起学生的注意，说明教师的嗓音不具备吸引力和震撼力，这是一件很无奈的事。要想使嗓音具有吸引力和震撼力，必须做到以下几点。

第一，声音要有起伏。

第二，声音要有强弱对比。

第三，重点字词发音要有爆发力。

第四，该弱的重点字词要能弱下来。

第五，适时地停顿。

练习：

1. 中国不能亡！

——电影《色戒》

2. 我们的知识是有限的。

——伽利略

3. 如果额头终将刻上皱纹，你只能做到皱纹不要刻在你心上。你还很年轻，可以走很远。

——电影《中国合伙人》

四、教师如何使嗓音具有诚意

许多时候，教师需要通过嗓音把诚意传达给学生，如在谈心、了解情况时。所以，让嗓音具有诚意对教师来讲也是非常有价值的。要想获得这种嗓音必须做到以下几点。

第一，心里、眼睛里都要有诚意。

第二，音量适当小一点、力度适当弱一点。

第三，语速适中。

第四，音调平一点，甚至语句结束时有下滑的感觉才行。

练习：

1. 如果，我多一张船票，你会不会跟我一起走？

——电影《花样年华》

2. 务必使同志们继续地保持谦虚、谨慎、不骄、不躁的作风；务必使同志们继续地保持艰苦奋斗的作风。

——毛泽东

3. 人总是要死的，但死的意义有不同。中国古时候有个文学家叫作司马迁的说过："人固有一死，或重于泰山，或轻于鸿毛。"为人民利益而死，就比泰山还重；替法西斯卖力，替剥削人民和压迫人民的人去死，就比鸿毛还轻。张思德同志是为人民利益而死的，他的死是比泰山还要重的。

——毛泽东

五、教师如何使嗓音具有自信

要想让学生对你有信心，你的嗓音里面就必须具有强烈的自信，要让学生在不知不觉中相信你说的话全都是真的。要想获得这种嗓音必须做到以下几点。

第一，本身就要非常自信。

第二，说话要很有底气。

第三，说话声音要短促有力，不迟疑。

第四，语速要中速稍快。

练习：

1. 一切反动派都是纸老虎。看起来反动派的样子是可怕的，但是实际上并没有什么了不起的力量。从长远的观点看问题，真正强大的力量不是属于反动派，而是属于人民。

——毛泽东

2. 封锁吧！封锁十年、八年，中国的一切问题都解决了！

——毛泽东

3. 长空的雄鹰，决不因暴风雨而收起它的翅膀。

——列宁

4. 我是最棒的，我一定会成功！

——佚名

5. 没有失败，只是暂时没有成功！

——佚名

6. 让暴风雨来得更猛烈一些吧！让所有的困难、挑战都扑面而来吧！

——佚名

7. 我有无限的潜力。

——佚名

8. 我可以改变未来。

——佚名

9. 我可以获得巨大的成功！

——佚名

六、男教师如何使嗓音具有磁性

人们对低沉磁性的嗓音有一种特殊的敏感，这种声音的穿透力是惊人的，吸引力也是极强的。要想获得这种嗓音必须做到以下几点。

第一，要沉着冷静，两眼含情，语速适中。

第二，头声少一点，胸声多一点，共鸣多一点，声调低一点。

第三，用气息控制好嗓音，不要太冲。

第四，想象自己的嘴长在胸口上。

第五，多练“u”母音。

第六，胸腔共鸣练习常用成语：百炼成钢、翻江倒海、追悔莫及。

练习：

1. 曾经有一份真挚的爱情摆在我面前，我没有珍惜，等到我失去的时候才后悔莫及，人世间最痛苦的事莫过于此…… 如果上天能够给我一个再来一次的机会，我会对那个女孩说三个字：我爱你。如果非要在这份爱上加上一个期限，我希望是……一万年！

——电影《大话西游》

2.

亲爱的，如果有一天我消失了，
你会不会害怕，会不会发了疯地找我？
亲爱的，如果有一天我消失了，
你会不会在家里呆呆地坐着，傻傻地掉着泪等我？
亲爱的，如果有一天我消失了，
你会不会在半夜突然醒来，想我想到泣不成声？
亲爱的，如果有一天我消失了，
你会不会每天开着Q，开着游戏等我？
亲爱的，如果有一天我消失了，
当你看到好友上线时会不会一阵紧张，以为是我？
亲爱的，如果有一天我消失了，
你会不会在街上走的时候想到我，想到蹲在地上哭泣？

——佚名

3.

世界上最遥远的距离

〔印〕泰戈尔

世界上最遥远的距离
不是生与死
而是我就站在你的面前
你却不知道我爱你

世界上最遥远的距离
不是我就站在你的面前
你却不知道我爱你
而是明明知道彼此相爱
却不能在一起

世界上最遥远的距离
不是明明知道彼此相爱
却不能在一起
而是明明无法抵挡这股思念
却要装作丝毫没有把你放在心里

4.

再别康桥
徐志摩

轻轻的我走了，
正如我轻轻的来；
我轻轻的招手，
作别西天的云彩。

那河畔的金柳，
是夕阳中的新娘；
波光里的艳影，
在我的心头荡漾。

软泥上的青荇，
油油的在水底招摇；
在康河的柔波里，
我甘心做一条水草！

那榆阴下的一潭，
不是清泉，是天上虹；
揉碎在浮藻间，
沉淀着彩虹似的梦。

寻梦？撑一支长篙，
向青草更青处漫溯；
满载一船星辉，
在星辉斑斓里放歌！

但我不能放歌，
悄悄是别离的笙箫；
夏虫也为我沉默，
沉默是今晚的康桥！

悄悄的我走了，
正如我悄悄的来；
我挥一挥衣袖，
不带走一片云彩。

七、女教师如何使嗓音像银铃般动听

银铃般的嗓音往往和漂亮、聪明、活泼、可爱联系在一起，很多学生都喜欢具备这种声音的教师。要想获得这种嗓音必须做到以下几点。

第一，要坚信自己很漂亮、很美。

第二，说话时要面带笑容，语速稍快。

第三，声音位置适当高一点、靠前一点。

第四，加强鼻腔共鸣，让声音薄一点、脆一点。

第五，多练“i”母音。可以用“丽”“绿”等字来练。

第六，提高音频。

第七，鼻腔共鸣练习：妈妈买卖弥漫出门戏迷。

练习：

1. 小花猫，喵喵喵，伸伸懒腰喵喵喵；小水牛，扭扭扭，摇摇尾巴扭扭扭。

2. 清晨，太阳从东边冉冉升起，阳光明媚。奶奶和妈妈领着妹妹前往闹市买奶牛。一路上，妹妹问妈妈："妈妈，咱们买了奶牛，能天天喝牛奶吗?"妈妈说："当然能，你每天跟奶奶、妈妈挤牛奶，好吗?"天真的妹妹又问："我每天喝奶牛的奶，奶牛也是妈妈吗?"奶奶和妈妈全乐了。一家人到了市场，精心选了一头健康的奶牛。妹妹很兴奋，和奶奶、妈妈一同牵着新买的奶牛回农场了。

八、女教师如何获得温柔的嗓音

嗓音是女人裸露的灵魂。嗓音是女人除五官、身材以外的另一件犀利武器。如果嗓音温柔，哪怕是嗔怪、训斥，都有一种天籁般的美感。要想获得温柔的嗓音必须做到以下几点。

第一，要坚信自己很有魅力，眼睛里要有情，声音里也要有情。

第二，面部表情真诚、认真，不宜带笑容。

第三，声音要很温和。温柔的声音应该是低沉的，有时甚至像若有若无的独自叹息。

第四，音量小一点，声音轻一点、虚一点，甚至略带沙音和气声。

第五，降低音调。

第六，语速稍慢。

练习：

1.

一棵开花的树

席慕蓉

如何让你遇见我

在我最美丽的时刻　为这

我已在佛前　求了五百年

求他让我们结一段尘缘

佛于是把我化作一棵树
长在你必经的路旁
阳光下慎重地开满了花
朵朵都是我前世的盼望

当你走近　请你细听
那颤抖的叶是我等待的热情
而当你终于无视地走过
在你身后落了一地的
朋友啊 那不是花瓣
是我凋零的心

2.

如果世界消失了，我会在天堂爱你。
如果你走了，我会在泪水中爱你！
如果我走了，我会在远方爱你！
如果你的心死了，我会在生命中爱你。

——佚名

3. 从现在开始，你只许疼我一个人，要宠我，不能骗我，答应我的每一件事都要做到，对我讲的每一句话都要真心，不许欺负我、骂我，要相信我。别人欺负我，你要在第一时间出来帮我。我开心了，你就要陪着我开心；我不开心了，你就要哄我开心。永远都要觉得我是最漂亮的，梦里也要见到我，在你的心里面只有我，就是这样了。

——电影《河东狮吼》

总之，在教育教学中，教师应该同时具备多种嗓音形象，教师的嗓音形象越丰富，对教学越有利。

面对不同的学生使用不同的嗓音，在不同的场合使用不同的嗓音，问不同的问题使用不同的嗓音，对于处理问题和营造氛围具有举足轻重的作用。同一个场合使用不同的嗓音处理同一个问题，结果会完全不同。同样的一句话用不同的嗓音讲出来，会起到完全不同的作用，会收到完全不同的效果。所以，教师最好能够拥有多种嗓音形象，随时根据具体情况调整自己的嗓音形象。这样，教育教学效果就会好很多，生活也会和谐很多。

第十二章

教师常见嗓音问题纠正方法

在日常生活中，每个教师的生活环境、生活习惯、阅历、身处的文化氛围等都是不相同的，每个人都形成了自己的说话发声习惯。这些习惯中，有的非常不好，如“娘娘腔”“公鸭嗓”“口吃”“咬字不清”“大舌头”等，教师有必要掌握一些有效的方法来纠正这些已经根深蒂固的说话发声习惯。

在日常生活中，每个教师的生活环境、生活习惯、阅历、身处的文化氛围等都是不相同的。因此，长期以来，每个人都形成了自己的说话发声习惯。这些习惯中，有的非常不好。但是，由于时间长久，说话发声习惯已经根深蒂固，要改变很不容易。这里就介绍一些纠正的方法，一起来探讨一下。

一、如何改变男教师的“娘娘腔”

男教师的“娘娘腔”问题，主要是由于发音位置偏高、靠前，缺乏胸腔共鸣和气息支持，导致声音尖细、没有力度和厚度。要解决这个问题必须做到以下几点。

第一，要时刻告诉自己：我是一个铁骨铮铮的男子汉！我要顶天立地！

第二，加强胸腔共鸣，减少鼻腔共鸣。

第三，降低音频、音调。

第四，加强气息支持。

第五，加大声音力度。

第六，多练“u”母音和“lia”。

第七，胸腔共鸣练习，多读如下成语：百炼成钢、翻江倒海、追悔莫及。

练习：

男子汉！男子汉！弯下腰是座桥，挺起胸是座山。

二、如何改变女教师的“公鸭嗓”

女教师的“公鸭嗓”主要是由于发音位置偏低，缺乏鼻腔共鸣，胸声太多所致，或者是由于长期用嗓过度，声带受损所引起。要解决这个问题必须做到以下几点。

第一，要时刻提醒自己：我是一个柔声细语、迷人性感的淑女！我很妩媚！我的嗓音圆润悦耳！

第二，加强鼻腔共鸣，减少胸腔共鸣；加强气息支持。

第三，说话声音要慢、要软、要浅。

第四，大大减小声音音量。

第五，多练“i”母音。可以用“丽”“绿”等单字来练。

第六，提高音频。

第七，有的“公鸭嗓”是因为声带小结、声带息肉、单侧声带麻痹、喉部肿瘤等所致。对于这些情况，如果自己没有相当强的意志力，可以考虑手术治疗。

第七，鼻腔共鸣练习，如诵读：妈妈买卖弥漫出门戏迷。

练习：

尼尼很喜欢将饭含在口中，妈妈骂尼尼，尼尼生气了；明明向尼尼借橡皮泥玩，尼尼拿起橡皮泥就走；妈妈接尼尼晚了，尼尼生气地往前奔，妈妈跟也跟不上。这样的尼尼受人欢迎吗？

三、如何纠正“口吃”

“口吃”就是人们常说的结巴，主要是由于心理原因造成的，要解决这个问题必须做到以下几点。

第一，要坚信自己的“口吃”问题一定能够解决。

第二，用很慢的语速说话。

第三，说话时，千万不要心急。

第四，多唱慢歌，不唱快歌。

第五，练习治疗“口吃”的歌曲。

练习：

送　别

李叔同

长亭外，古道边，芳草碧连天。

晚风拂柳笛声残，夕阳山外山。

天之涯，地之角，知交半零落。

人生难得是欢聚，唯有别离多。

长亭外，古道边，芳草碧连天。
问君此去几时还，来时莫徘徊。
天之涯，地之角，知交半零落。
一壶浊酒尽余欢，今宵别梦寒。

四、如何纠正“咬字不清”

“咬字不清”主要是由于发音状态不积极，习惯用“后嘴”咬字，而且自己没有意识到这个问题。要解决这个问题必须做到以下几点。

第一，思想上要高度重视这个问题，“咬字不清”会给自己的人生带来很大的影响，自己的个人形象也会大打折扣。

第二，说话状态要积极。

第三，学会用“前嘴”说话，避免用“后嘴”说话。

第四，可以用“矫枉过正”法来练习，也就是用舌尖、齿尖、唇尖来咬字。

练习：

你这个人怎么这样！

五、如何纠正“大舌头”

“大舌头”又叫“咬舌头”，通常是由于发音时舌头位置惯于靠前所致。这个问题也可以通过训练解决。

第一，要坚信自己的“大舌头”问题一定能够解决，而且必须解决。

第二，从现在开始，注意每个字的发音。

第三，说话时，保证舌头不伸到牙齿外面，不能让牙齿咬到舌头。也就是说，讲中文时不能有“咬舌音”出现。

第四，彻底解决拼音问题，保证每个字发音准确。

第五，做“甩舌头”练习，做舌头的横沟变竖沟练习，尽快让自己的舌头学会放松，并且听话。

练习：

说话不能咬舌头。

第十三章

节约教师嗓音的音乐课堂新模式

良好的课堂组织教学不但可以形成积极的课堂学习环境，而且能够激发学生潜能的释放，从而圆满地达成教学目标。“流动座位音乐教学法”就是利用座位的流动来及时评价学生，充分调动和激发学生学习音乐的兴趣和积极性，从而有效提高音乐课堂的教学效率的一种教学方法。“流动座位音乐教学法”是有效音乐课堂的组织教学方法之一，是使课堂教学顺利进行的又一保证，是课堂教学活动的“支点”。

一、“流动座位音乐教学法”的提出

重视课堂组织教学，学会课堂管理，对于有效提高课堂教学质量具有十分重要的意义。良好的课堂组织教学不但可以形成积极的课堂学习环境，而且能够激发学生潜能的释放，从而圆满地完成教学任务。

德国教育家第斯多惠有这样一句话：“教学的艺术不在于传授的本领，而在于激励、唤醒和鼓舞。”教师行之有效的教学评价，能使学生始终保持兴奋的情绪积极学习。因此，我们认为，只有找准了课堂评价时机这对美丽的翅膀，评价才能在音乐课堂教学中振翅而飞，起到良好的教育效果。

“流动座位音乐教学法”就是利用座位的流动来及时评价学生，充分调动和激发学生学习音乐的兴趣和积极性，从而有效提高音乐课堂的教学效率的一种教学方法。“流动座位音乐教学法”是有效音乐课堂的组织教学方法之一，是使课堂教学顺利进行的又一保证，是课堂教学活动的“支点”。

作者在给小学生上课

二、"流动座位音乐教学法"的理论依据

1. 组织教学的一贯性原则

课堂组织教学必须贯穿课堂教学的全过程和每一堂课中。

2. 组织教学的全体性原则

有一个学生没有进入状态，就意味着组织教学的失败。

三、"流动座位音乐教学法"的具体操作方法

(1) 赋予座位内涵，不同的座位具有不同的含义，不同的座位代表着教师和同学们对他（她）的不同评价。

(2) 每个学生的座位不固定、随时流动，及时、准确地表扬有进步的学生。学期最后一节课的座位对学生本学期的音乐成绩具有重大影响。

(3) 座位流动的依据包括学生回答问题、纪律表现、学习态度、音准节奏、划拍歌唱、乐理笔试、曲式分析、歌词背诵、歌词发音、反应速度、音乐感觉、音乐记忆等方面的表现。

(4) 能否调整座位，由教师和学生共同分析判断，以教师评判结果为主。

(5) 通常情况下，座位越靠前的学生越优秀；同一排座位，越居中者越优秀。

(6) 解决划拍问题时，前排为优秀者座位。这样，通过不断的调整座位，不仅对学生具有激励作用，同时也有利于学困生模仿优秀学生的划拍动作。

(7) 解决音准问题时，后排为优秀者座位，这样有利于学困生倾听优秀学生的音准。也可以规定前排为优秀者座位，但是唱歌时让学生全部转身向后。

(8) 其他原因的座位流动由教师具体把握。

四、“流动座位音乐教学法”常用的教学组织技巧

1. 目光注视

教师的目光注视可以在学生中产生或尊重或反感的情绪，进而影响教学效果。因此，教师可以巧妙地运用目光注视来组织课堂教学。如开始上课时，教师用亲切的目光注视全体学生，使学生情绪安定下来并愉快地投入学习。

2. 语言表达

充分运用语速、音量、适时的停顿来吸引学生的注意力。

在课堂上，有的学生自控能力差，会交头接耳。面对这种情况，教师讲话速度的变化有助于引起学生的注意，在讲解中适当加大音量或减少音量，也可以起到突出重点的作用。适当的停顿，能够有效地引起学生的注意，一般来说，停顿的时间以三秒左右为宜。这样的停顿足以引起学生的注意，停顿时间过长反而会导致学生注意力涣散。

教学活动的灵魂就在于教学的语言技巧，教师教学语言技巧掌握得好，可以使课堂气氛生动活跃，从而提高课堂教学的有效度。在运用教学语言的时候应该注意抓住学生的特点，对待不同年龄阶段的学生应该运用不同的教学语言。

3. 趣味激发

在课堂教学中，单一、连续的教学操练容易引起学生疲劳和注意力分散的现象，教学效率很容易受到影响。面对这种情况，教师的提醒或警示对学生注意力的长久保持已无济于事。这时，教师根据需要适当地变换教学媒体，通过实物（图片、钢琴、打击乐器等）和多媒体的交互使用，不但可以消除学生的疲劳，活跃课堂气氛，也可以充分调动学生的多种感官去获取信息。

实现信息传递的多渠道化，不仅可以有效调控学生的注意力，加强学生对知识的感知度，而且有利于学生对知识的记忆、理解和

应用，促进知识向能力的转化。

4. 创设情境

积极地创设课堂情境。全面营造一个良好的课堂情境是实现课堂有效教学的关键。根据不同的课型设计出不同的课堂引入形式，如故事引入、游戏引入、场景引入等，都将给我们的音乐课堂带来意想不到的效果。课堂情境的创设还可以根据课堂的具体情况通过以下方面进行深入和发展。

（1）通过让学生观察生活、观察插图、观察屏幕自主深入课堂学习。

（2）让学生大胆地表达自己的想法，在欣赏音乐后说感受，给音乐取名，用自己的方式理解音乐。

（3）有效组织，高效参与，给学生更多的实践机会。可以结合表演创作、歌曲创作、节奏创作、绘画创作等让学生运用不同的方式表现音乐。

5. 激励

充分地利用课堂评价。任何评价都不应是随意的，从课改之前的吝啬赞美到课改之后到处泛滥的“你真棒”，教师们对课堂评价产生了许多误解。随着课改的不断深入，我们发现课堂的评价体系也越来越完善了，教师对如何使用好课堂评价也有了自己的妙招。但其中都遵循以下几点原则。

（1）遵循学生的年龄特征进行评价，根据学生的心理成长阶段进行评价。如低年级的学生的自律性不太好，好奇心比较重，上课时容易做小动作或没跟上教师的课堂节奏，这时我们可以通过调整座位来奖励表现好的学生，同时来引导表现不好的学生。

（2）课堂评价是为了引导学生更准确地学到知识，帮助教师更好地开展课堂教学工作而实行的，所以评价的前提是尊重学生，尊重学生的不同表现，尊重学生的选择，尊重学生的创新成果。

（3）让学生成为评价的主人。课堂评价有教师评价、师生评价和生生评价，在以往的课堂中运用最多的是教师评价，压抑了学生作为课堂主体的表现，所以在把课堂还给学生的同时，也应该把评价权还给学生，使学生更积极地投入课堂、参与课堂，更好地实现课堂的有效性。

6. 学生互教

在划拍教学中，有的学生掌握得快，有的学生掌握得慢。这个时候，可以请划拍比较准确的学生轮流到台前来给大家做示范，教大家学习，带领大家一起进步。这种做法，一方面肯定、表扬了优秀学生，另一方面也促进、教会了学困生。当然，在演唱和视唱练耳及节奏训练等音乐教学活动中也可以灵活运用这种方法。

7. 适时提问

在课堂教学中，经常会有学生走神、讲话、做小动作等情况发生，这个时候，教师及时提问这个学生，可以很快把学生的注意力吸引过来。

8. 激励发言

为了使学生的大脑在课堂上能够积极运转起来，并充分吸引学生的注意力，教师应想方设法让学生在课堂上积极发言、抢答问题，最好能争先恐后地上台表演。

除上述介绍的，课堂组织教学的方法还有表情感染法、目标指引法、设疑法、停顿呼吸法、板演法、暗示法、竞赛法，等等。

总之，课堂组织教学的方法是多种多样的，教师在教学中要根据小学生的心理特征和心理发展需要，根据具体情况，采用不同方法，因势利导组织教学。教学中，要以激发学生学习兴趣和积极性为主，确保课堂教学计划的顺利实施，力求达到最佳的教学效果。

五、“流动座位音乐教学法”的优势

1. 有利于学生的管理工作

（1）笔者在2010—2011学年对深圳市福田小学的同一批学生做

了一个比较。这批学生当时读六年级，在六年级的上学期，我们对这六年级的6个班全部实施了“流动座位音乐教学法”，下学期在六(1)班、六(4)班、六(6)班实施了“流动座位音乐教学法”，而六(2)班、六(3)班、六(5)班没有实施“流动座位音乐教学法”。结果，实施了“流动座位音乐教学法”的上学期，6个班的学生基本上都在两三周之内步入了正常的学习轨道，不论是在上课纪律，还是在掌握音乐知识、技能等方面表现都很不错。可是下学期的情况就大不一样了。实施了“流动座位音乐教学法”的六(1)班、六(4)班、六(6)班依旧不错，但是没有实施“流动座位音乐教学法”的六(2)班、六(3)班、六(5)班上课情况就差很多，每个班都有十几位学生纪律很差，上课基本不学习，专门捣乱，导致整个班级课堂教学很难正常进行，教师每节课都要花费大量的时间来组织教学，学生音乐知识和技能的掌握情况当然也就差了很多。

(2) 2011年9月，笔者接手了福田小学四年级6个班的音乐课。直到2014年7月这批学生毕业，笔者一直在教这6个班的音乐课。在这三年的时间里，笔者全部采用“流动座位音乐教学法”来教学。

刚接手时，学生们基本上都不会划拍，唱不了曲谱，上课纪律也比较差。两三周之后，课堂就变得很容易驾驭，秩序良好，教学活动完全可以做到收放自如。学生掌握知识的情况也非常好。每学期，6个班的学生不仅都能把课本上所有歌曲的歌谱和歌词准确划拍演唱，而且也都基本能够把课本上的3首合唱歌曲和谐地唱出声部来。在带他们的6个学期里，每学期参加学校的文艺会演，笔者都是让他们演唱课本上的多声部歌曲，学生们很喜欢，表现也出色，甚至还参加了深圳市的比赛，并获得了二等奖。要知道，这些学生都不是学校合唱团的学生，而基本是校合唱团选剩的学生。

2013—2014学年，笔者所带的六年级6个班的学生在每个学期开始不到一个月的时间里，就都把课本上绝大部分歌曲和欣赏部分的曲谱学会了。这样，在该学期剩余三个多月的时间里，学生们就可以反复地打磨这些歌曲，到期末时就掌握得很好了。

（3）2013—2014 学年上学期，笔者还带了四年级两个班，其中四（4）班是刚刚接手的。刚开学，四（4）班跟笔者所带的其他班的距离很大，学生学习跟不上进度，学会一首歌曲需要的时间很长，纪律也比较差。笔者马上给四（4）班也实施了“流动座位音乐教学法”，结果四（4）班进步很快，到下学期已经完全跟上其他班的进度了。

2. 能有效提高划拍教学的效率

在音乐教学中，教会学生划拍唱谱、唱词，能使他们的音乐兴趣得以持续和发展，起到事半功倍的学习效果，为他们进一步感受和学习音乐打下坚实的基础。聆听时，让他们边划拍边听歌；学唱时，让他们边划拍边学唱。总之，在每个环节都让学生的手动起来，这一方法使学生眼、耳、手、口并用，在教学中有着重要的意义。

解决划拍问题时，由于前排为优秀学生的座位，所以我们就会把划拍比较准确的学生不断地往前排调整。通过不断地调整座位，不仅激励了有进步的学生，同时对于后排的学困生也有巨大的促进作用。

因为划拍准确的学生都调到了前排座位，客观上就给后排划拍不太准确的学生起到了示范作用。这样，可以有效提高学困生的学习效率。

划拍的正确与否具有可观性，全班学生的学习情况教师可以一目了然，每个学生只要有一点进步，教师就可以看见。这样，教师就可以及时调整座位，肯定每个学生的进步，让学生产生极强的学习动力。

一般情况下，绝大部分学生只需两三周就可以学会二拍子、三拍子和四拍子，六拍子用两周时间专门学也基本可以学会。

同学们学会划拍后，以后不论是学习唱词、唱谱，还是欣赏音乐，都可以同时划拍。这样的话，对学生的音乐学习绝对可以起到事半功倍的效果。

3. 促进对学生音准的训练

训练学生的音准是音乐教学中最重要的工作之一。

在一个自然班中，一定会有相当一部分学生的音准有问题。那么，“流动座位音乐教学法”是如何解决这个问题的呢？

我们在对学生进行了初步的音准训练之后，就会对学生的音准进行检测。由于学生的天分不同，有的学生音准状况会迅速得到改善，而有的学生就会慢一些。于是，我们就会根据学生音准程度的高低进行排位，并根据每个学生的进步情况随时调整座位。

这样，我们在后面每次的音准训练中，首先让音准最好的学生来唱，然后按照音准程度的高低，逐渐加入其他学生来试唱。在保证全班合唱音准没有问题的前提下逐渐加人，音不准的学生都用只有自己才能听到的声音来唱，划拍、气息支持等都有，只是音量很小。这样，音准不好的学生就可以听着音准好的声音来唱，不断调整自己的音准，直至唱准。唱准以后，就可以把声音唱出来。唱出来后，如果发现音还不准，就再收回去唱。这样反复多次，就可以唱准了。由于他们都有把音唱准的动力，所以，他们的进步都很快。当然，不排除有个别学生因为耳朵不好等原因进步还是很慢的情况，但大部分学生的进步一定是很快的！

4. 有利于后进生的转变

流动座位的推行对班里的后进生起到了巨大的推动作用，而后进生的进步又在班里起到了明显的示范效应。如五（1）班的林子超同学原来坐在倒数第二排，他的学习成绩在班里还是不错的，而音乐课坐在倒数第二排让他觉得很没面子，所以一直就很想往前调。但因为他的性格、天分等原因，我们一直没有给他往前调。直到2012—2013下学期，他的学习态度和学习效果有了明显的进步，我们才把他调到正数第三排。我们从他的表情可以看出他特别有成就感，对自己的要求也更加严格了。五（1）班的王立伟同学原来上课不划拍、不唱歌、爱说话、爱做小动作，坐在倒数第一排。后来我们在对班里每个学生进行的音乐能力测试中，发现他的音准有了很大的进步，于是我们就把他调到了第一排，当时班上响起了雷鸣般的掌声，他自己也充分享受到了进步的乐趣。从此以后，他对自己的要求比过去就严格了很多。

5. 对学生的未来会产生良好影响

2014 年 4 月 17 日下午放学后，解校长来到笔者的办公室，讲了一件事情，听后让笔者很振奋，也很欣慰。

解校长给六年级上语文课，笔者给六年级上音乐课。最近，他给学生布置了一篇作文，题目是《我的理想》。一个学生的文章中有这样两段话，解校长用手机拍下来给我看。

我的理想是当一位歌手，一位出名的歌手。像我的音乐老师就是一位音乐家，他已经出过几张专辑了。

你问我的理想为什么是歌手？我来告诉你，我记得在小学四年级的时候，上音乐课坐在第五排，我们那时候坐在越前排，说明唱得越好，当时我坐在倒数第二排。后来一次考试，我从第五排调到了第二排，又一次考试，我从第二排调到了第一排，我心里很开心。从那时候起，我就喜欢上了音乐。

没想到“流动座位音乐教学法”对学生一生理想的树立能产生这么大的影响。

解校长说，一个老师如果能在一个班上影响到一个学生，那他一生将影响到多少个学生！这是一件多么有意义的事情！

听校长说完，笔者的心里确实产生了强烈的成就感和满足感，同时也产生了强烈的使命感和责任感。

六、“流动座位音乐教学法”的教育评价策略探讨

音乐教育是全面素质教育的一个重要组成部分，它的艺术教育功能有自身的独特性，不是其他学科可以代替的，所以重视音乐课

堂的有效教学研究是很有必要的。

随着课程改革的不断深入，在众多新观点、新方法推陈出新的今日教坛，学生得到全面发展是教学的最终目标，也已成为我们的普遍共识。要实现教学的有效性，必须从科学制订教学目标、合理设计教学环节、积极创设课堂情境、灵活运用课堂语言、充分利用课堂评价等方面下功夫。

现代教育评价具有导向、鉴定、激励、改进等功能，是教育教学工作的“指挥棒”，是强化管理的有力措施，是大面积提高教学质量的有效手段。“流动座位音乐教学法”充分发挥现代教育评价的优势，给音乐课堂教学以全面正确的引导、准确的鉴定、适时的激励和有效的调控。

音乐是以审美为核心的，是美育的重要组成部分。音乐是听觉的艺术，具有非语义性和不确定性，更利于发展学生的想象力和求异思维。音乐也是情感的艺术，有很强的实践性，有利于丰富学生的情感世界。“流动座位音乐教学法”遵循音乐学科的规律制订评价的标准和采用适当的方式方法进行操作，以充分发挥音乐学科在儿童身心发展中的特殊的、不可替代的作用。

音乐是艺术学科，评价中往往带有审美主观性，评价者个体间有一定的差异，使评价的信度偏低。同龄学生的艺术素质差异大，给确定其评价的标准带来干扰。音乐是表演的艺术，也是技能性学科，考试方式相应复杂得多。演唱、演奏、视唱需要个别面试，听音、音乐欣赏、音乐知识得采用笔试。音乐教师担任的班次多，所以对于学生学习效果的评价操作太麻烦，工作量太大，这种学科的特殊性也给教学质量评价带来操作上的困难。

七、“流动座位音乐教学法”的教学成效

2014 年 5 月 6 日，笔者代表音乐组上了一节公开课，课程内容是学习波兰二声部合唱歌曲《小鸟》。课后，学校领导竟然做出

了一个大胆的决定，要笔者立即组建一个合唱团，代替学校合唱团参加福田区三年一次的合唱比赛。领导明确表态不要求名次，只要参加就行。可是当时离比赛只有 11 天的时间，就连福田区音乐教研员杨老师也说，参加比赛是为了“宣示主权”，表示福田小学还在，想成功是不太可能的。当时，教研员的头摇得跟拨浪鼓似的。

这个比赛是深圳市中小学的传统比赛，每个学校都非常重视，许多学校倾全校之力并外请专家训练，就是为了要在比赛中展示学生的音乐素养，捍卫学校的荣誉。在离走台只有 8 天时间的情况下，组队参加这么高规格的比赛，那难度简直是不可想象的。

在没有任何退路的情况下，当天下午，笔者就把学校六年级 6 个班每班第一排的 10 名学生组织到一起，成立了一个临时合唱团开始排练。因为这些坐在第一排的学生都是经过千锤百炼的，各个方面都很不错，所以排练进度很快，在没有停课的情况下，甚至在部分学生因为参加学校外语考试和管乐队的排练，无法参加合唱队排练的情况下，8 天时间排练了 3 首合唱歌曲，而且加了很多表演动作，最后选了 2 首参赛。

经过大家的努力拼搏，我们最后竟然在全区 83 支参赛团队中战胜了全区半数以上的对手，获得了二等奖。要知道，我们面对的都是训练了几年的校合唱队，而我们仅仅算是一个年级合唱队，还只有 8 天排练时间，并且不能停课排练。能在这么短的时间取得这么优异的成绩，完全是因为“流动座位音乐教学法”。“流动座位音乐教学法”让这批学生打下了坚实的音乐基础，才能在学校需要的时候，挺身而出，来之能战，战之能胜！

八、“流动座位音乐教学法”的研究意义

笔者运用“流动座位音乐教学法”教学已经有 10 多年了，事实证明，“流动座位音乐教学法”对音乐课堂教学确实具有巨大的促进

作用，对教师的嗓音确实可以起到保护作用。它让教师组织教学更轻松，驾驭课堂更容易，让学生学习的动力更足、兴趣更浓，掌握知识、技能也更快、更扎实，使学生能在更加宽松、自主而有序的课堂上感受音乐所带来的愉悦。

第十四章

教师应对学生渗透美嗓教育

美嗓是人对发声的高层次需求。如果人们能够在中小学阶段就把美嗓问题解决好，将终身受益。教师进行“美嗓”教学，第一境界是给学生传授“美嗓”的技术、技巧；第二境界是教学生通过“美嗓”的技术、技巧等手段来表现音乐或语言表达的灵魂；第三境界是针对不同学生的不同性格传授不同的“美嗓”知识，并在这个过程中有意识地使学生的性格得到改善、心理得以健全、人格逐渐高尚。

美嗓是人对发声的高层次需求。如果人们能够在中小学阶段就把美嗓问题解决好，将终身受益。

作者与“美嗓”学生演出后

一、少年儿童声嘶原因分析

人的声音是通过喉部声带的闭合、颤动产生的，而这又依赖于喉部的肌肉、关节、神经共同协调，保证声带的正常运动，使声带能够完全闭合、颤动，才能发出悦耳的声音。发音的高低取决于声带的张力，声带颤动幅度的大小决定声音的强弱。因此，只要在声门的运动、声带张力及声带的结构上出现任何异常，都会引起声音嘶哑，即声嘶。

儿童发声应该是悦耳动听的，出现儿童声音嘶哑现象的主要原因是孩子没有学会科学发声，以及长时间用嗓过度或高声喊叫。儿童的声带比较柔嫩，组织比较疏松，高声喊叫会导致声带充血、水肿。由于儿童生理发育尚不成熟，心理上却在逐渐摆脱依从状态，自我表现欲强，自我控制能力弱，因此很容易用声过度伤及声带。儿童长期声音嘶哑者多数已形成声带小结，轻者发声无力，音调改变，重者声音嘶哑，甚至呼吸困难。如能及时发现并予以纠正，儿童声音嘶哑一般预后良好。

少年儿童声音嘶哑，除用声不当以外，其原因还包括以下几方面。

（1）呼吸道感染：急慢性喉炎可导致喉黏膜充血、水肿、肥厚，而引起声音嘶哑。

（2）变态反应：可造成喉部黏膜的过敏性水肿而导致声嘶。

（3）喉部外伤：如刺伤、撞伤以及过度用声或用声不当造成声带损伤。这不仅可以伤及声带的边缘，严重的外伤还可伤及喉部的肌肉和神经。

（4）喉部肿瘤：如喉乳头状瘤、喉囊肿等都可使声门闭合不全，因此造成声嘶。

（5）喉返神经麻痹：可致喉肌麻痹而造成声嘶，甚至一点声音都发不出来，即失音。

（6）全身疾病：如风湿、类风湿性关节炎，如炎症扩及喉部的关节，可使喉运动发生障碍而致声嘶。肾炎、心脏病、甲状腺功能低下、糖尿病都可使声带水肿导致声嘶。重症肌无力使喉肌无力也是声嘶的原因之一。内分泌的改变，如少女的月经期、青少年的变声期也可造成声带的轻度充血、水肿，导致声音嘶哑。

从一家医院对4000余名声嘶儿童纤维喉镜的检查结果来看，绝大多数（85%）儿童声嘶是慢性喉炎引起声带肥厚和声带小结造成的，这些声嘶儿童年龄多在4～9岁间。发生慢性喉炎的主要原因是患儿反复呼吸道感染，或急性喉炎发作时治疗不彻底。有些孩子甚至在急性喉炎发作期仍然过度用声，如哭喊、唱歌，也是导致慢性喉炎的重要因素。另外，小儿长时间大声喊叫、哭闹，也是引起声嘶的主要原因之一。特别是目前大多数孩子都是独生子女，有的孩子就像小皇帝一样，稍不如意就大声哭喊，以迫使大人妥协，甚至有些达不到目的竟能哭喊长达几十分钟，甚至一小时以上。另外，如今儿童歌曲相对匮乏，不少小儿学唱成人歌曲，模仿成人的声音，每当高音唱不上去时就强挤声音唱，这些都可导致声带因受到强烈的气流冲击发生摩擦而损伤。

对于急性喉炎的患儿，主要是应用抗生素、激素和超声雾化吸入进行治疗。严重的、经保守治疗无效的患者须做气管切开手术。这是挽救生命的措施之一。慢性喉炎和声带小结的患儿要注意休息，绝不可长时间大声喊叫、哭闹，一般早期的声带小结常在休声一段时间后消失，即使是晚期小结虽不能马上消失，声音也可有所改善。小儿一般不做手术切除，因为在变声期，小结常常可以自行消失。此外，局部症状可做超声雾化治疗，以减轻症状。

儿童声音嘶哑的预防主要是应避免长时间过度用声，唱歌时要适当用力，当出现了呼吸道感染，如急性喉炎时，要彻底治疗，不得延误。小儿不宜食用过甜、过辣、过冷或过咸的食物，特别是已经出现声音嘶哑时更应注意禁止此类食品。

教师整天和学生在一起，可以经常提醒学生不要大声喊叫，注意保护声带。

二、美嗓教育帮助儿童顺利度过变声期

青春期是儿童的变声期，一般女孩在 11 岁～13 岁，男孩在 12 岁～14 左右会出现变声现象。这一时期声带可在长则 1 年～2 年，短则数月的时间内发生明显的原有声音走调、出怪音、高音上不去等现象。同时，男孩的喉结也逐渐增大，声带延长、变宽，比女孩的变化更加明显。最后男孩的声音变得低沉、洪亮，女孩的声音变得声调较高，但也有女孩变化不明显。对绝大多数孩子而言，变声期一般是能顺利通过的，只有少数孩子由于没有保护好嗓子，引起变声障碍疾病，致使变声后嗓音尖狭或沙哑。正常情况下，变声期的声带呈现轻度充血、肿胀、有黏性分泌物等状况，不必过分担心。但在变声期时应特别注意，当出现声音走调、高音上不去时，不要使劲挤着发音，以免造成声带损伤而出现声音更加嘶哑且不易恢复的情况。当教师、家长发现孩子嗓音出现异常时，要注意让孩子休

声，即减少说话，休息声带。如果因声音嘶哑更加用力发音，势必引起喉室周围的张力过大，久而久之，造成喉室周围肌肉松弛，导致说话、唱歌出声时出现“粗脖子”以及“青筋”暴露的现象。如果长时间对声带进行不良刺激，可能导致在声带边缘的前、中三分之一处发生创伤性的炎症反应，表现为血管增生，黏膜水肿，发生声带息肉样变，以后逐渐纤维化，形成白色小突起，这就是声带小结。如双侧声带边缘出现小结，声带就不能很好闭合，以致出现漏气，造成声音嘶哑。

青春期的少男少女在这段时间要特别注意以下几点。

(1) 积极参加体育锻炼，增强体质，减少呼吸道的感染，特别是喉部发炎的机会。

(2) 饮食上注意少吃辛辣刺激性的食物，因为过酸、甜、咸、辣的食物对嗓子都有刺激，会加重变声期的不适。

(3) 避免过度的喊叫或歌唱，尽量休息声带。唱歌时当感到高调已唱不上去的时候就不要再强挤声音唱。

当声音已出现嘶哑时可适当服用一些清喉润喉的中草药，如用适量胖大海、麦冬、青果、兰根、菊花、元参等泡水饮用或口服黄氏响声丸、清音丸等中成药，以帮助声带消除水肿。

五、六年级和初中一年级的教师应经常在课堂上提醒学生注意变声期的嗓音保护，不要大喊大叫，以避免很多学生在变声期间声带受损。

三、美嗓教育可以完善学生性格

“美嗓”课应该教给学生什么?

有一次，我在同六（4）班的班主任李老师闲聊时，听李老师谈到了一件事情，使我这个音乐老师又一次体会到了“成就感”，感到莫大的欣慰。

李老师告诉我，她班上有一个女学生叫秦一臻，今年 12 岁，上学期报名参加了我的“美嗓”兴趣班，一个学期之后她的性格发生了巨大的变化，像变了个人似的。过去，秦一臻同学性格内向，在班上很少说话，课堂上也不爱发言，劳动时偷懒，还经常受到班里学生的欺负，受欺后连告诉老师的胆量和勇气都没有。她的情况让老师们很头疼，但一直没能得到解决。可是自从她参加了“美嗓”兴趣班以后，性格逐渐发生了变化，变成了一个性格开朗的学生，心理素质得到了很大的提高，上课发言踊跃，参加劳动积极，与同学们的关系很融洽。同学们也不再欺负她了，甚至开始欣赏她、肯定她。最近有一次，班上选值日生，还差最后一个的时候，李老师问同学们选谁去，同学们都说选秦一臻。李老师怎么都没想到大家会选秦一臻，在过去这是绝对不可能的。

秦一臻同学的变化又一次证明，美嗓可以改变、重塑、完善一个人的性格，可以逐渐健全一个人的心理。

那么，我的“美嗓”兴趣班是如何让秦一臻的性格发生转变的呢？

参加“美嗓”兴趣班的学生都知道，我在“美嗓”兴趣班上要让学生做很多练习，比如，唱歌、发声、高位置念白、抖唇、呼吸、哼鸣、咬字、吐字、气泡音、张大口、甩舌头、视唱练耳、横沟变竖沟，等等。这些练习，我有时候让学生集体做，有时候让他们自己练习，还有一部分时间我是让学生单独到台前做，一方面是检查学生的练习做得对不对，另一方面是让其他学生观察别人，对照自己，发现问题。最关键的是，我要通过这个过程锻炼学生的胆量，让他们在“美嗓”中发现自己的价值和才能，增强他们的自信心。我告诉学生：只要你走出来，你就成功了一半，不走出来，永远都不可能成功。秦一臻同学刚开始在“美嗓”兴趣班上根本不敢走出来，我就用各种方法激励她，还会硬性叫她出来，后来就不用我叫了，同学们都抢着要上来，她也就慢慢开始自己要求上台了。我觉得给学生创造一种积极主动的学习氛围是至关重要的，在这个氛围中，学生会不知不觉地发生变化。像秦一臻这样的学生，“美嗓”学了多少不是很重要，重要的是她的性格由此发生了巨大的变化，这种惠及她一生的益处是用多少钱都难以买到的。

教师进行“美嗓”教学，第一境界是给学生传授“美嗓”的技术、技巧；第二境界是教学生通过“美嗓”的技术、技巧等手段来表现音乐或语言表达的灵魂，让别人感受到你通过技巧所表现出的作品的内容、精神、灵魂如何感人；第三境界是针对不同学生的不同性格传授不同的“美嗓”知识，并在这个过程中有意识地使学生的性格得到改善、心理得以健全、人格逐渐高尚。第三境界是“美嗓”教师进行“美嗓”教学的最高境界，因为一个人具有高尚的人格、健全的心理和完善的性格对他的一生具有非常重要的意义。

附录一

国家专利“美嗓练习带”说明书

〔专利号〕

ZL 200920129967.4

〔授权公告日〕

2010年1月6日

〔授权公告号〕

CN 201375781Y

〔专利权人〕

薛建洲

〔发明人〕

薛建洲

〔实用新型名称〕

用于练习及助人获得科学发声气息支持的助力腰带

〔摘要〕

本实用新型公开了一种用于练习及助人获得科学发声气息支持的助力腰带，包括一长条形的带体，该带体的两端设有可调节带体长短并使带体穿戴在人体腰部的束紧装置，至少一个设置在带体内感应人体压力的压力感应器，接收压力感应器信号的控制器，接受控制器控制的提示装置，提供电能的电源。本实用新型使用时置于科学发声练习者腰部，当腹部吸气到位时给出声、光信号，提示腹部吸气到位情况，同时为收紧小腹提供助力。练习者可根据声、光提示进行练习。该腰带还可以调整大小以适应不同人体的腰围，极大地方便了科学发声练习者。

〔技术领域〕

本实用新型涉及一种助人获得科学发声的设备，尤其涉及一种置于人体腰部的用于练习及助人获得科学发声气息支持的助力腰带。

〔背景技术〕

很多人因为工作的原因，需要经常用嗓讲话或唱歌，而自己又不懂得科学的发声方法，于是嗓音就经常嘶哑、失声，去医院耳鼻喉科看嗓子是家常便饭，有的甚至做过好多次手术。其实，手术并不能从根本上解决嗓音问题，要想解决此类问题，最重要、最根本的途径是要养成正确的发声习惯。没有正确的发声习惯，即使当时解决了嗓音问题，过后还会照样复发。实质上，声带出现病变，都是自己造成的！要解决这个问题，最好还是靠自己从根本上找原因，要彻底改变发声方法。

说话和唱歌的发音方式是相通的。意大利男高音歌唱家卡鲁索说："在所有学习歌唱的人中，谁掌握了正确的呼吸，谁就成功了一半。"气息是发出声音的动力，更是各种声音技巧的"能源"。我国著名歌唱家郭兰英在谈到运用正确呼吸方法时也说："唱歌时小肚子常是硬的，唱得越高就越硬。"硬的小肚子是由两股力量相持产生的。一股是通过往小腹吸气产生的力量，另一股是收紧小腹产生的力量。两股相持力量越大，小腹就越硬；小腹越硬，发音的动力也就越足。这就是所谓的"气息支持"。有气息支持的嗓音才不会嘶哑；有气息支持的嗓音才会美妙、动听；有气息支持的嗓音才会具有长久的生命力！

故经常用嗓音有必要做系统的呼吸训练。在进行胸腹式联合呼吸中的吸气时将横膈膜下沉，扩大腹部与腰部，以吸入大量的空气，同时收紧小腹增加腹内空气压力。初学者在练习时难以把握边吸气边收腹的尺度，全凭个人的感觉，没有一种提示腹部吸气和收腹到位与否的设备。

〔实用新型内容〕

本实用新型是要解决科学发声练习者在进行呼吸练习时没有设备提示腹部吸气和收腹到位与否的问题，提出研制一种置于人体腰部，提示腹部吸气到位与否同时为收紧小腹提供助力，并用于练习及助人获得科学发声气息支持的助力腰带。

为解决所述技术问题，本实用新型提出在腰带内设置感应腹部压力的感应器，以及起控制作用的控制器，当腹部吸气到位时发出声、光信号的提示装置。具体技术方案是，一条用于练习及助人获得科学发声气息支持的助力腰带。包括一长条形的带体，该带体的两端设有可调节带体长短并能使带体穿戴在人体腰部的束紧装置，至少一个设置在带体内感应人体压力的压力感应器，接收压力感应器信号的控制器，接受控制器控制的提示装置，向控制器提供电能的电源。

所述提示装置包括至少一个发光二极管，一个电子发声芯片。

所述电子发声芯片与所述控制器之间串接一个开关。

所述带体中段宽、两端窄，所述压力感应器置于带体中段部位。

本实用新型使用时置于科学发声练习者腰部，当腹部吸气到位时给出声、光信号，提示腹部吸气到位情况，同时为收紧小腹提供助力。练习者可根据声、光提示进行练习。该腰带还可以调整大小以适应人体不同的腰围，极大地方便了科学发声练习者。

〔附图详细说明具体实施方式〕

在本实用新型一实施例中包括一长条形的带体，该带体的两端设有可调节带体长短并使带体可佩戴在人体腰部的束紧装置，设置在带体内的压力感应器、控制器、发光二极管 D1、电子发声芯片、微动开关 S2、电源、电源开关 S1。

压力感应器用于感应腹部气压；控制器用于接收压力感应器信号，并控制发光二极管 D1 和电子发声芯片发出光、声信号；微动开关 S2 用于选择是否使用电子发声芯片；电源用于提供电能；电源开关 S1 用于启/闭整个电路。带体中段与人体腹部接触，压力感应器就置于带体中段部位。带体中段宽、两端窄，带体与人体腹部有较大的接触面积，以使科学发声练习者从带体上获得较大的助力。从图 1 中可以看出，控制器分别与压力感应器、电源、发光二极管 D1、电子发声芯片连接，在电源与控制器之间还串接了电源开关 S1，当不使用本实用新型时可以断开该开关。在电子发声芯片与控制器之间还串接了微动开关 S2，当使用过程中不用声音提示时可断开该开关，电子发声芯片不再发出声音提示。

科学发声练习者佩戴本实用新型进行科学发声练习，当练习者调节好腰带松紧佩戴在腰间时，压力感应器受压处于接通状态，控制器得到压力信号，并向发光二极管 D1 和电子发声芯片输出控制电压，电子发声芯片和发光二极管 D1 发出声、光信号。练习者根据声光提示，进行科学发声练习。

在本实用新型另外的实施例中，压力感应器为 3 个，分别感应 3 级不同层次的腹部气压。发光二极管 D1 亦为 3 个，分别为红、黄、绿三种颜色，分别提示对应的腹部气压。电子发声芯片存储 3 种不同的声音，分别是“可以”“很好”“很棒”。当练习者调节好腰带松紧佩戴在腰间，并且腹内气压合适时，第一压力感应器处于接通状态，第二、第三压力感应器处于断开状态时，控制器控制绿色发光二极管发亮，同时控制电子发声芯片发出“可以”的声音；当练习者吸入较多的空气使腹部鼓胀，腹内气压较大，第三压力感应器处于断开状态时，第一、第二压力感应器处于接通状态，控制器控制黄色发光二极管发亮，同时控制电子发声芯片发出“很好”的声音；当练习者吸入非常多的空气使腹部鼓胀，腹内气压非常大，第一、第二和第三压力感应器处于接通状态时，控制器控制红色发光二极管发亮，同时控制电子发声芯片发出“很棒”的声音。相反，在练习过程中，当练习者腹内气压由非常大转为较大，第一、第二压力感应器处于接通状态，第三压力感应器处于断开状态时，控制器控制黄色发光二极管发亮，同时控制电子发声芯片发出“很好”的声音；当练习者腹内气压由较大转为合适时，第一压力感应器处于接通状态，第二、第三压力感应器处于断开状态时，控制器控制绿色发光二极管发亮，同时控制电子发声芯片发出“可以”的声音。当练习者腹内气压很小，不再适合练习，第一、第二和第三压力感应器处于断开状态时，电子发声芯片和控制器控制发光二极管不发出声、光信号。练习者可以根据声、光提示，进行科学发声练习。

本实用新型束紧装置可以是多样的，可以是搭扣，也可以是卡扣，还可以是系带，只要能将本实用新型佩戴在不同练习者腰部即可。

以上描述了本实用新型的较佳实施方式，但是本技术领域内的熟练技术人员应当理解，这些仅是举例说明，你可以对这些实施方式做出多种变更或修改，只要不背离本实用新型的原理和实质，都应纳入本实用新型保护的范围之内。

图 1 为本实用新型电路示意图。

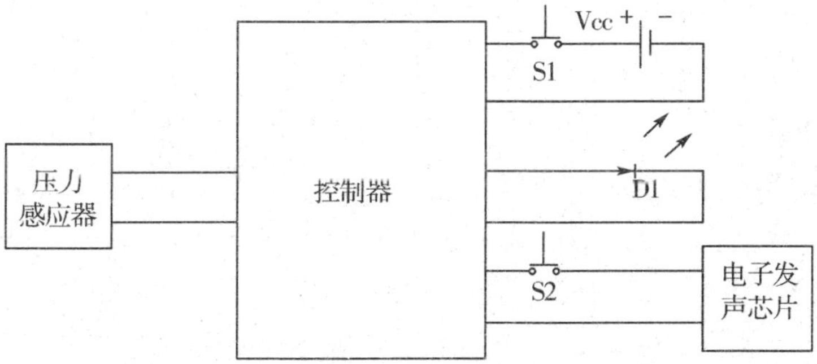

图 1

附录二

国家专利“美嗓练习器”说明书

〔专利号〕

ZL200920131589.3

〔授权公告日〕

2010年2月17日

〔授权公告号〕

CN 201408492Y

〔专利权人〕

薛建洲

〔发明人〕

薛建洲

〔实用新型名称〕

用于科学发声训练的气息支持练习器

〔摘要〕

本实用新型公开了一种用于科学发声训练的气息支持练习器，其包括：可盛装液体的容器、装设在容器壁上的电子装置。所述的容器包括：底壁、侧壁和顶壁，在对称的侧壁外设有一对供双手把持的把手（3）；所述的电子装置包括起控制作用的控制装置，向控制装置提供容器重量数据的测重装置（1），接受控制装置信息并将之显示出来的显示装置（5），以及向各装置提供电能的电源。本实用新型能帮练习者腹部获得气息支持的感觉，能显示由练习器重量亦即练习者获得的气息支持力度，还能显示练习时间亦即气息支持时间，并能播放鼓励性语音。练习器在不做练习使用时可兼当凳子，极大地方便了科学发声练习者。

〔技术领域〕

本实用新型涉及科学发声训练的器材，尤其涉及一种用于科学发声训练的气息支持练习器。

〔背景技术〕

很多人因为工作的原因，需要经常用嗓讲话或唱歌，而自己又不懂得科学的发声方法，于是嗓音就经常嘶哑、失声，去医院耳鼻喉科看嗓子是家常便饭，有的甚至做过好多次手术。其实，手术并不能从根本上解决嗓音问题，要想解决此类问题，最重要、最根本的途径是要养成正确的发声习惯。没有正确的发声习惯，即使当时解决了嗓音问题，过后还会照样复发。实质上，声带出现病变，都是自己造成的！要解决这个问题，最好还是靠自己从根本上找原因，要彻底改变发声方法。

说话和唱歌的发音方式是相通的。意大利男高音歌唱家卡鲁索说："在所有学习歌唱的人中，谁掌握了正确的呼吸，谁就成功了一半。"气息是发出声音的动力，更是各种声音技巧的"能源"。我国著名歌唱家郭兰英在谈到运用正确呼吸方法时也说："唱歌时小肚子常是硬的，唱得越高就越硬。"硬的小肚子是由两股力量相持产生的。一股是通过往小腹吸气产生的力量，另一股是收紧小腹产生的力量。两股相持力量越大，小腹就越硬；小腹越硬，发音的动力也就越足。这就是所谓的"气息支持"。有气息支持的嗓音才不会嘶哑；有气息支持的嗓音才会美妙、动听；有气息支持的嗓音才会具有长久的生命力！

故经常用嗓者有必要做系统的呼吸训练。在进行胸腹式联合呼吸中的吸气时将横膈膜下沉，扩大腹部与腰部，以吸入大量的空气，同时收紧小腹增加腹内空气压力。初学者在练习时难以找到边吸气边收腹有气息支持的感觉，即便找到了也难以保持相应状态，缺乏在科学发声训练的中保持腹部压力的练习器。

〔实用新型内容〕

本实用新型是要解决科学发声练习者在进行呼吸练习时，没有一种帮助他们找到边吸气边收腹有气息支持的感觉，并将相应状态保持住的练习器的问题。

为解决所述技术问题，本实用新型设计一种由练习者双手平举的练习器，由于练习器具有一定重量，练习者双手平举时，必须先吸足气，而且腹部必须收缩绷紧，否则就举不起练习器。这样，就可以配合练习者的呼吸从而得到气息支持。练习器显示练习器重量、练习时间并播放鼓励性语音。具体技术方案是，一种用于科学发声训练的气息支持练习器，其包括可盛装液体的容器、装设在容器壁上的电子装置。所述的容器包括底壁、侧壁和顶壁，在对称的侧壁外设有一对供双手把持的把手；所述的电子装置包括起控制作用的控制装置、向控制装置提供容器重量数据的测重装置、接受控制装置信息并将之显示出来的显示装置、向各装置提供电能的电源。

所述容器的顶壁上设有供液体流通的开口，在开口上设有密封盖；所述容器内部设有标明液体体积的标尺；所述容器的侧壁和顶壁上设有多条加强筋；所述容器的顶壁的外部表面平坦，可当凳子使用。

所述测重装置可以包括安装在所述把手与所述容器之间的测重传感器，将测重传感器传来的信号转换后发给所述控制装置的转换电路。

所述电子装置还可以包括一个串接在所述电源输出线上的电源开关。所述电源开关可以是按压接通式开关，其设于所述把手上，通过把手提起所述容器时，电源开关接通。

所述电子装置还可以包括一个向所述控制装置发送时间信息的计时器，所述控制装置将该时间信息编码后发给所述显示装置，由所述显示装置显示该时间信息。

所述控制装置还可以连接一个存储器和一个比较器；所述存储器至少储存两组数据，每一组数据包括一个所述的重量数据和一条所述的时间信息，控制装置定时调用存储器中的重量数据和时间信息，并通过显示装置显示出来；所述比较器对存储器内的重量数据和时间信息与当前重量数据和时间信息以组为单位进行比较，将大者存入存储器。

所述电子装置还可以包括一接受所述控制装置控制信号的储存了多条语音片段的语音芯片，连接所述语音芯片的喇叭；控制装置根据所述时间信息定时向语音芯片发送控制指令，控制语音芯片向喇叭发出所述语音片段；所述控制装置还直接与所述的喇叭连接并控制其播放所述重量数据。

所述电子装置还可以包括一设在所述控制装置与所述语音芯片之间的定时电路，仅在所述电源开关接通后的初期屏蔽控制装置向语音芯片发送的控制指令。

所述电子装置还可以包括一设在所述控制装置与所述定时电路之间的语音开关，该语音开关控制由所述定时电路、语音芯片、喇叭组成的支路的通断。

本实用新型在使用时练习者双手平举练习器，腹部吸气，由双手传导练习器的重量，练习者腹部获得气息支持的感觉，练习器能显示由练习器重量亦即练习者获得的气息支持力度，还能显示练习时间亦即气息支持时间，并能播放鼓励性语音。练习器在不做练习使用时可兼当凳子，极大地方便了科学发声练习者。

〔附图详细说明具体实施方式〕

图 1 为本实用新型较佳实施例立体示意图，图中示出一个四方体容器和安装其壁上的电子装置，在四方体对称的侧壁上设有供双

手把持的把手 3，把手 3 上装有电源开关 4，当人通过把手 3 提起容器时电源开关 4 接通，电子装置通电并开始工作；当放下容器时，电源开关 4 恢复断开状态，电子装置断电停止工作。把手 3 与容器之间装有测重传感器 2，当人通过把手 3 提起容器时，测重传感器 2 测得所受压力，两侧传感器所测压力之和即为容器的重量，亦即气息支持力度。面对练习者的容器侧壁上装有显示装置 5，与显示装置 5 装在一起的有喇叭 7 以及语音开关 8 和清零按钮 9。四方体的顶壁设有供液体流通的开口，在开口上设有密封盖 6（这里的液体一般是指水）。容器内部设有标示容量的标尺，可以按标尺的指示根据不同练习者自身的情况加注液体。容器用硬质塑料制成，该塑料可以是透明的，也可以不透明。容器的顶壁外表面平坦，在不用练习器训练时，可将练习器当板凳使用。本较佳实施容器的形状为四方体，在其他实施例中容器有美观的两头小、中间大的圆柱体，可以想象容器还可以是其他具有美观造型、艳丽色彩的样式。在其他实施例中为提高练习器的美观性和使用舒适度，在练习器的外表面包覆了一层真皮包裹物。

图 2 为本实用新型较佳实施例电子装置原理框图，较佳实施例中的电子装置包括电源、电源开关 4、控制装置、显示装置 5、测重传感器 2、转换电路 1、计时器、语音开关 8、定时电路、语音芯片、喇叭 7、比较器、存储器。其工作过程如下：练习者按下把手 3 上的电源开关 4，电源开关 4 接通，电子装置通电并开始工作，练习者通过把手 3 提起练习器，夹在把手 3 与练习器容器之间的测重传感器 2 感受到压力，将压力信号传送给转换电路，转换电路将容器两侧压力信号编码转换后传给控制装置，控制装置将重量数据通过显示装置 5 显示出“气息支持力度＊＊＊公斤”，所述的重量数据即为容器总重量，亦即为练习者的气息支持力度。计时器在电源开关 4 接通时得电开始计时，并将时间信息传给控制装置，控制装置将该时间信息编码后发给所述显示装置 5 显示出“气息支持时间＊＊＊分＊

＊＊秒”。所述的时间信息即为练习时间，亦即为气息支持时间。控制装置每隔一分钟向定时电路发送一个控制信号，在电源开关 4 接通后的初期，亦即在本较佳实施例中电源开关 4 接通后的前三分钟内，定时电路屏蔽该控制信号不向语音芯片转发，到三分钟后每隔一分钟向语音芯片发送一个控制信号，语音芯片根据控制信号依次输出内存的语音片段：“三分钟了，很好!”“四分钟了，很棒!”“五分钟了，非常好!”“六分钟了，非常棒!”等。设在控制装置与定时电路之间的语音开关控制由定时电路、语音芯片、喇叭 7 组成的支路的通断，当不需要语音提示时断开该开关，喇叭 7 无声响输出。控制装置还直接与喇叭 7 连接，并在练习者一端起练习器时驱动喇叭 7 播放重量数据“气息支持力度＊＊＊公斤”。

存储器中存放两组历史最好成绩数据，每一组数据包括一个重量数据和一条时间信息。存储器中存放数据的两组中的一组是气息支持力度最大组，另一组是气息支持时间最长组。控制装置每隔一分钟调用这些数据，并在显示装置 5 中显示出来，如“最好成绩：气息支持力度＊＊＊公斤”“气息支持时间＊＊＊分＊＊＊秒”。比较器每隔一分钟将当前气息支持力度和气息支持时间与存储器中的数据以组为单位进行比较，如当前数据较大就将大者覆盖存储器中的数据。参看图 1，存储器还连接一清零按钮 9，清零按钮 9 设在面板上，当按下此按钮，按钮接通，将清零电平（低电位）接入存储器芯片的清零端，存储器内的历史最好成绩数据被清零。

以上结合较佳实施方式对本实用新型进行了具体描述，但是本技术领域内的技术人员可以对这些实施方式做出多种变更或变化，这些变更和变化应落入本实用新型保护的范围之内。

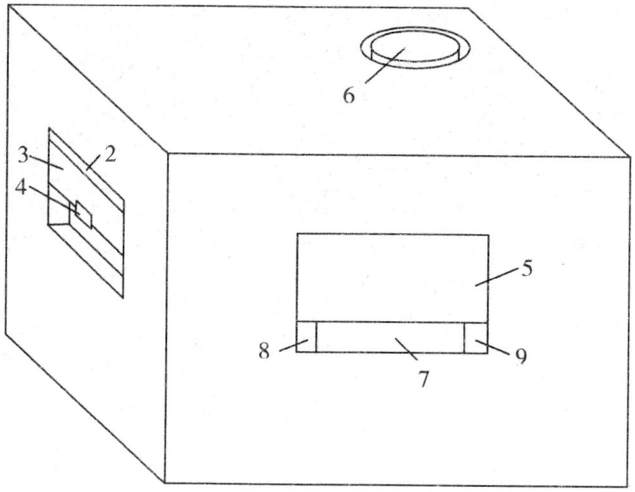
6
3
2
4
5
8
7
9

图 1

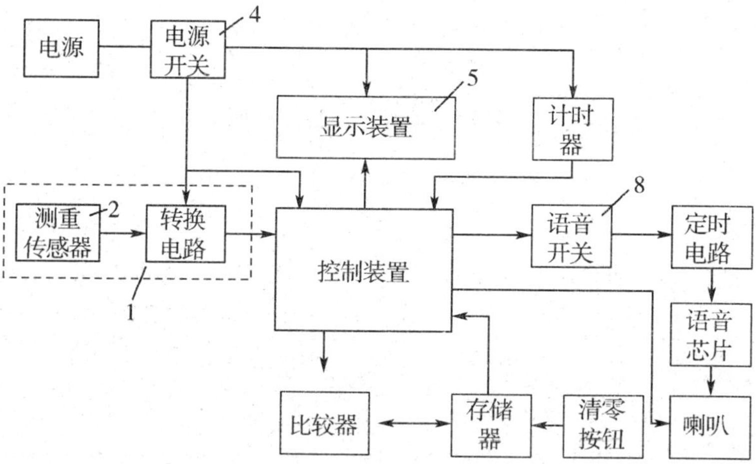
电源
电源开关
4
显示装置
5
计时器
测重传感器
2
转换电路
1
控制装置
语音开关
8
定时电路
语音芯片
比较器
存储器
清零按钮
喇叭

图 2

结语

经过10多年的努力，这本书终于与大家见面了，感谢各有关方面的大力支持！希望这门课能早日成为师范院校的一门必修课程，能成为全国教师的继续教育课程！但愿这本书能够为教师们提供更多的帮助！

本门课作为深圳市的教师继续教育课程，在深圳市开设已经有好几年了。刚开始只有面授课，由于很受教师欢迎，后来又开设了网络课程，报名学习的人很多。有的教师连续几期都报不上，足以说明这门课程确实是教师们所需要的。有的教师说："上了这么多年的继续教育课程，就这门课程最有用。"有的教师说："上大学时要有这门课程就好了，我的嗓音就不会出问题了。"有的教师说："认识薛老师太晚了，要早认识薛老师，我上课就不会这么辛苦了。"有的教师说："应该让每个老师都来学习一下这门课程，这门课程对老师来说确实太重要了。"

通过"美嗓"学习，教师掌握一些用嗓技巧，可以避免因嗓音经常出现这样那样的问题而影响了正常教学。比如，小声讲课不仅可以节省气力，而且对学生更具有吸引力，使课堂秩序更好，教学效果也更好。通过开展这门继续教育课程，教师们掌握了很多"美嗓"技巧，有力地促进了深圳市教育事业的蓬勃发展。

笔者唱了大半辈子的歌，参加过无数次的演出，拿过100多个奖，但从来没有像今天完成本书稿时这样自豪，因为自己帮助到了别人，而且是那么多人。如果“教师美嗓”能成为师范院校的一门课程，那将是一件更加有意义的事情。

我国著名京剧表演艺术家梅兰芳将保养嗓子的方法概括为“精神畅快，心气平和；饮食有节，寒暖当心；起居以时，劳逸均匀；练嗓保嗓，学贵有恒；由低升高，量力而行；五音饱满，唱出剧情”。让我们以此共勉！

薛建洲

江苏凤凰教育出版社
《行知工程》系列丛书目录

系列	序号	书　　名	主编	定价
教师修炼系列	1	《如何炼就课堂好声音——教师美嗓保健实用宝典》	薛建洲	30.00
	2	《与学生一起成长——90后教师的心路反思》	王　晗	30.00
	3	《教育，爱与宽容——教师心灵礼仪修炼》	许力争	30.00
校本研修系列	4	《徜徉语文教研》	肖俊宇	35.00
	5	《校本研修资源的开发与利用》	陈朝林	30.00
	6	《校本研修与教师专业成长》	吴积军	30.00
	7	《卓越教师经典研修成长策略》	刘天宝等	30.00
	8	《特色校本课程开发范例解读》	刘永平　李秀伟 张雪梅	30.00
	9	《高效校本研修模型构建艺术》	刘素雁	30.00
	10	《走向实践的教研——中小学教育科研引领与应用》	江　敏	30.00
创新教学探索系列	11	《品世界名画，学精彩作文 ——特级教师的“名画”作文教学法》	李日芳	36.00
	12	《玩出精彩作文——张化万活动作文教学经典策略》	张化万	35.00
	13	《〈红楼梦〉里的语文课》	李日芳	30.00
	14	《让学生把母语用精彩——“语用课堂”的探索与实践》	佘小红	30.00
	15	《“备”出课堂精彩——备学式教学的课堂实践与思考》	张旭兰	30.00
	16	《神奇的阅读教室——带学生踏上美妙的阅读之旅》	李祖文	30.00
	17	《打造有生命力的课堂 ——“两步八环节”教学模式探索与实践》	查联智	30.00
	18	《最能培养学生探究能力的课堂 ——小学科学与信息技术单元整体课程实施与评价》	李怀源	30.00
	19	《最能激发学生运动天赋的课堂 ——小学体育单元整体课程实施与评价》	李怀源	30.00
	20	《最能提升学生艺术素养的课堂 ——小学艺术单元整体课程实施与评价》	李怀源	30.00
	21	《“生命语文”探索——焕发语文生命力的思考与实践》	王自成	30.00
	22	《粘连作文教学：让习作成为有个性的自我建构》	黄瑞夷	30.00
	23	《备学式教学——在体验中建构数学思维》	单广红　范雪梅	30.00
	24	《向着自主进发——自主教育的创新实施智慧》	朱亚红	30.00
	25	《写中学——让学习更有效的学科写作教学》	钟传祎	30.00

系列	序号	书　　名	主编	定价
创新教学探索系列	26	《小学科学实验总动员——大科学课堂有效提升学生创新力》	江美华	30.00
	27	《小学语文单元整体课程实施与评价》	李怀源	30.00
	28	《小学英语单元整体课程实施与评价》	李怀源	30.00
	29	《小学数学单元整体课程实施与评价》	李怀源	30.00
	30	《让教学更能激发智慧——“思维碰撞”课堂的建构与实施》	程和方	30.00
教育家核心思想系列	31	《叶圣陶论写作》	叶圣陶 著 李怀源 选编	30.00
	32	《叶圣陶谈阅读》	叶圣陶 著 李怀源 选编	30.00
	33	《多元智能理论的本土化应用》	刘治富	30.00
	34	《大教育家最具施教力的教学思想》	白刚勋	30.00
教育求索系列	35	《欣说教育那“一亩三分地”——一位一线教师的教育微思考》	王庆欣	30.00
	36	《爱的守望——一位一线教师对教育的坚守》	林卫红	30.00
	37	《思政教学的人文力量》	戴晓华	30.00
	38	《师道新说——给教育者的30条箴言》	徐　卫	30.00
学生心理解码系列	39	《在人生的春天播种——十四岁，写给青春的一封信》	白宏宽	30.00
	40	《孩子问题行为一点通 ——只有好老师才知道的学生心理谜底》	严育洪	30.00
名校系列	41	《让每个孩子都成志 ——清华附小主题阅读课程的实施探索》	窦桂梅	30.00
	42	《让每个孩子都成志 ——清华附小主题实践课程的实施探索》	窦桂梅	35.00
	43	《向着朝阳走去——清华附小合作办学实践探索》	窦桂梅	30.00
精彩课堂系列	44	《给孩子更好的数学课堂》	易增加	30.00
	45	《小学生阅读素养的提升策略》	邵巧治	35.00
	46	《从语文素养走向生命成长——小学语文读写课堂教学密码》	曾海玲	30.00
	47	《真实的品德课》	朱淑秀	30.00
	48	《英语课堂学习共同体——新型的师生交互学习场》	杨延从	30.00
	49	《指导自主学习——初中数学学与教的研究与实践》	刘其武	30.00
	50	《玩出精彩的课堂 ——小学低年级教与学方式转变研究》	陶红松	30.00
	51	《让生命之花自主绽放——语文个性化教学建构策略》	商德远	30.00
	52	《让学生亲历知识——主体参与下体验式学习的实施策略》	何世祥	30.00
教育思想者系列	53	《高效教学的道与术——陶继新教育讲演录》	陶继新	30.00
	54	《名校之道——陶继新对话名校长（1）》	陶继新	30.00
	55	《教育，一切从孩子出发》	黄　俭	30.00

系列	序号	书名	主编	定价
教育管理力系列	56	《缔造唯美教育——延奎小学素质教育实施策略》	易增加	30.00
	57	《让普通学校崛起的 20 个细节——“生命为本”教育团队成长密码》	李其玉	30.00
	58	《“走”出教育的精彩：走动式学校管理文化构建》	罗　军	30.00
	59	《校长兵法：学校管理四十六计》	皮大鹏	30.00
班级文化系列	60	《活力班级的文化建设》	胡　珏	30.00
	61	《做幸福的班主任》	吕　丽	26.00
高效能教学系列	62	《高效能教师的 10 个好习惯（中学卷）》	张　瑾	30.00
	63	《让作文落地生根——提高写作实效的教学策略》	黄桂林	30.00
	64	《高效能作文教学 5 项修炼》	陈步华	30.00
	65	《高效能校长的 10 个好习惯》	张　勤	30.00
	66	《高效能教师的 10 个好习惯（小学卷）》	谢　英	30.00
	67	《高效能语文教学 5 项修炼》	王其华	30.00
新课程探索系列	68	《语文新课程的批判与重建》	葛桂斌	30.00
美国名师教学译丛	69	《美国名师游戏教学本土化应用：幼儿园》	（美）玛西娅 L. 泰特 著 胡珍　瞿菁　编译	30.00
	70	《美国名师游戏教学本土化应用：小学英语》	（美）玛西娅 L. 泰特 著 杨永华　张心影　编译	30.00
	71	《美国名师游戏教学本土化应用：小学数学》	（美）玛西娅 L. 泰特 著 谢艳红　编译	30.00
	72	《美国名师游戏教学本土化应用：小学科学》	（美）玛西娅 L. 泰特 著 刘丽萍　编译	30.00
	73	《美国名师游戏教学本土化应用：小学社会》	（美）玛西娅 L. 泰特 著 姜梅芳　编译	30.00
	74	《美国名师游戏教学本上化应用：小学音体美》	（美）玛西娅 L. 泰特 著 尹立志　编译	30.00
鲁派名师名校·教育探索者系列	75	《悦读立人——校园阅读文化体系构建策略》	杨世臣	30.00
	76	《教育智慧何处来——一位特级教师的思考手记》	付立金	30.00
	77	《和雅文化——校本课程的创新构建》	汤善香	30.00
	78	《让个性绽放精彩——学校课程体系整合与创生》	谢建伟　徐淑萍	30.00
	79	《让每个学生都幸福——最能润泽生命的学校文化建设》	谢建伟　张新喜	30.00
生态化校园系列	80	《文化管理——构建生态和谐校园的必由之路》	付全新	30.00
	81	《点燃学习的激情——构建校园生态化学习型组织》	杨树岳	30.00
	82	《课改突围——构建学校生态化教学体系》	杨树岳	30.00

系列	序号	书名	主编	定价
教育新思考系列	83	《语文教育向何处去》	王　丛	26.00
	84	《教育，就是做好普通的事》	孙志毅	27.00
	85	《走出语文的偏见——让学生体悟文本的原义》	丛智芳	30.00
	86	《让语文教学更高效——批注式阅读教学探索》	韩中凌	30.00
	87	《读写互促——探寻学以致用的语文教学》	曹　龙	30.00
	88	《跳出数学教数学——用文化融通数学教学》	马建秀	27.00
名师感悟系列	89	《让心灵伴着歌声成长——22 位音乐名师的教育智慧》	陈　璞	30.00
	90	《超越自我的教师——32 位名师的成长感悟》	李卫东　李秀伟	35.00
	91	《心灵的守护者——19 位名班主任的教育智慧》	王晓松　曲文弘	30.00
	92	《名师感悟班主任有效工作艺术 90 例》	符礼科	30.00
	93	《名师感悟有效教学 90 例》	林高明　徐玉烟	30.00
信息化教学系列	94	《巧用白板教语文——信息技术与语文教学操作指南》	蒋丽清	30.00
	95	《跨越式实现高效课堂——信息技术与课程整合高效教学方案评析》	陈　玲　刘　禹	30.00
教师必读系列	96	《教师必学的 16 堂修养课》	武宏伟	30.00
	97	《教师不可不知的教学心理效应》	叶勇军	30.00
	98	《班主任不可不知的管理效应》	奚一琴	30.00
	99	《教师不可不知的教育心理效应》	孙　媛	30.00
	100	《校长不可不知的管理效应》	谢申刚　张金豹	30.00
	101	《成为好教师的 7 项修炼》	王福强　李维华	30.00
	102	《如何让学生会学习》	龙　冰	30.00
	103	《如何让学生爱学习》	周震宇　许小燕	30.00
核心教学主张系列	104	《新生代语文名师核心教学主张》	许友兰	30.00
行思讲坛系列	105	《灵动而朴素地教语文——潘文彬的微格教育生活》	潘文彬	30.00
	106	《师爱无疆——润泽学生心灵的教育故事》	侯忠彦	30.00
	107	《怎样反思更有效——促进教师专业发展的反思策略》	诸贝贝	30.00
	108	《成为高度自觉的教育者——写给后课标时代的数学教师》	许卫兵	30.00
	109	《哲思数学课》	刘全祥	30.00
	110	《智慧数学课——黄爱华教学思维的实践策略》	黄爱华	30.00

系列	序号	书名	主编	定价
行思讲坛系列	111	《童趣数学课》	徐 芳	30.00
	112	《把学生教聪明》	严育洪	30.00
	113	《教师最应该规避的教育误区》	杨坤道	30.00
	114	《用语文的方式教语文——潘文彬教学主张与实践智慧》	潘文彬	30.00
	115	《怎样让阅读教学更有效 ——提升教学能力的十种读诵模式》	汪秀梅	28.00
	116	《让生命在润泽中起舞 ——当代小学生最需要的主题班会》	吴联星 罗 琳 冯卫东	30.00
	117	《让生命欢快拔节 ——当代中学生最需要的主题班会》	冯卫东 吴联星	30.00
	118	《课堂因生成而精彩——高效教学的生成智慧》	张文质	30.00
	119	《回到每一个人的生命化教育 ——张文质二甲中学教育行动录》	张文质	30.00
中国教育变革之路丛书	120	《百年树人师何为——教师队伍建设困顿与出路》	将丽珠 李玉向	30.00
	121	《入园何时不再难——学前教育困惑与抉择》	曾晓东 范 昕 周 慧	30.00
	122	《三尺书桌何处寻——流动人口子女教育困难与破解》	范先佐	30.00
	123	《苦旅何以得纾解——高考改革困境与突破》	郑若玲	30.00
	124	《择校纠结何时了——择校问题困局与治理》	曾晓东 周文海 曾娅琴	30.00
创新教学思想系列	125	《“大问题”教学的形与神》	黄爱华 张文质	30.00
校长领导力系列	126	《高品质学校生长要素》	王益民	30.00
	127	《校长高校教学领导力提升策略》	徐世贵 郭文智	30.00
教育漫笔系列	128	《课堂，诗意地栖居》	吴书华	30.00
新思维系列	129	《教育中的“不一定”——打破教育的19种思维惯式》	严育洪	30.00
教学提升系列	130	《有思想地教阅读——让学生学会品读文字真意》	王学东	30.00
教育艺术提升系列	131	《藏在师生体态语言里的教学智慧》	张 宇 廖生波	30.00

系列	序号	书　　名	主编	定价
教学全手册系列	132	《小学习作教学全手册》	郭家海	30.00
	133	《中学写作教学全手册》	郭家海	30.00
	134	《情境教学操作全手册》	冯卫东	35.00
	135	《合作教学操作全手册》	李春华	35.00
	136	《探究教学操作全手册》	周新桂	35.00
	137	《自主教学操作全手册》	诸葛彪	35.00
	138	《创新教学操作全手册》	王　玮	35.00
	139	《班主任工作全手册》	刘沛华	35.00
	140	《新教师工作全手册》	周震宇	35.00
	141	《学生心理健康教育全手册》	刘海莉　刘春杰	35.00
	142	《高效教学操作全手册》	马友平	35.00
创新人才培养系列	143	《创新人才培养校园科普精品课程开发与指导——人大附中创新人才培养》	罗　滨	30.00
	144	《创新人才培养特色校本课程开发与创新人才培养——清华附中“国际安全下的科学技术”课程构建与实施》	王殿军　方　研　赵宏雁	30.00
	145	《创新人才培养：学校实验室建设与管理》	刘克文　杨发丽　杨　平	30.00
	146	《创新人才培养：数学探究活动开发与指导》	马云朋　韩继伟	30.00
	147	《创新人才培养：化学研究活动开发与指导》	王　磊	30.00
	148	《创新人才培养：物理探究活动开发与指导》	廖伯琴	30.00
	149	《创新人才培养：地理探究活动开发与指导》	张建珍　陈　澄	30.00
	150	《创新人才培养：生物探究活动开发与指导》	张迎春	30.00
	151	《创新人才培养：理念探索与思维突破》	王晶莹	30.00
新生代通派名师系列	152	《简约数学教学》	许卫兵	30.00
	153	《语文教学的本真——情意课堂展现母语之美》	吴建英	30.00
	154	《语文课堂的理想追求——欢快达成三维目标》	董一红	30.00
	155	《阅读教学的真髓——意象构建读出文学的真美》	祝　禧	30.00
	156	《美术教育的真谛——审美人生教育让生命绚丽成长》	陈铁梅	30.00
	157	《语文教学的理想境界——无痕教学润泽生命》	李　凤	30.00
	158	《儿童作文的本义——嬉乐作文让儿童乐并成长着》	王笑梅	30.00
	159	《名师是怎样炼成的》	王建明　王笑君	35.00
幼师成长系列	160	《幼儿行为背后——教师如何读懂幼儿的心思》	吴亚英	30.00
	161	《最具教育力的 22 种幼儿教育思想》	杨　达	30.00
	162	《幼儿教师必知的安全应急措施》	杨　达	30.00
	163	《幼儿教师必备的教育技能》	李　玲	30.00
	164	《卓越园长 21 条幼儿园管理策略》	周　丹　江东秋	30.00